Das Erbe der Vergangenheit

2

Bismarck

in Briefen von Zeitgenossen

Berlin und Leipzig

Walter de Gruyter & Co.

1934

Archiv-Nr. 45 23 34

Druck von Walter de Gruyter & Co., Berlin W 10

Anton, Graf Stolberg an Bismarck

Berlin, 1. April 1852

Innig verehrter Freund!

Den heutigen Tag vermag ich nicht vorüber gehen zu lassen, ohne Ihnen nicht ein Wort treuen Segenswunsches ausgesprochen zu haben. Das letzte Jahr hat mir die große Freude gebracht, Ihnen näherstehen zu können, und ich erachte solches als ein mich erfreuendes beglückendes Ergebnis einer ernsten Zeit. Der Schluß dieses Jahres hat jedoch eine Art Weihe über unsere Bekanntschaft herbeigeführt. Ich habe lebendig erkannt, wie nahe Sie mir stehen, wie ich in väterlich brüderlicher Liebe dem Mann angehöre, dessen Bestrebungen ich seit dem Jahre 1847 mit wahrer Hochachtung gefolgt bin.

Ich bin bereits alt und nach keiner Richtung hin so ringfertig, als ich es sein möchte, demungeachtet schlägt noch ein jugendliches Herz in der alten Brust, und ich habe Ihre Erhaltung in dem kürzlichen Zweikampf als eines der glücklichsten Ereignisse meines Lebens begrüßt. Der alte Mann reicht dem jungen ritterlichen Kämpen beim Beginn des neuen Lebensjahres in tiefer innerer Bewegung die Freundeshand auf Leben und Tod und bittet Gott den Herrn, daß Sein Segen auf Ihnen und Ihrer prächtigen Gemahlin und Ihren Kindern ruhen und der aus Seinem heiligen Wort strahlende, unbedingte Glaube Sie bis zum Schluß Ihrer Erdenlaufbahn zu Seiner Ehre durchglühen möge.

In treuer Freundschaft bis zum letzten Herzschlag.

Anton Stolberg.

*

Ludwig von Gerlach an Hans von Kleist-Retzow

Magdeburg, 8. Juli 1853

Sehr gern käme ich in den Ferien zu Ihnen und zu Bismarck. Halten Sie diesen warm — bei dem Herrn und bei der Fahne des Rechts und der Freiheit —, und dulden Sie nicht, daß er dem Manteuffelschen geistlosen Absolutismus und der Weltlichkeit verfällt. Er ist ein edler carrarischer Marmor.

*

Ludwig von Gerlach an Hans von Kleist-Retzow

Magdeburg, 13. Juli 1853

Vor Bismarck sind meine Briefe an Sie kein Geheimnis. Er liegt mir sehr am Herzen. Er ist ein fetter Bissen für die Welt und den Satan, die bekanntlich so leicht nicht loslassen. Leopold schreibt mir heut zu meiner Freude: „Bismarck hat sich, wovon ich mich jetzt überzeugt habe, in diesen ekelhaften Intrigen gegen mich und den König durchaus vorwurfsfrei benommen".

*

Robert von Keudell an einen Freund

Frankfurt a. M. 1857

Beruhige Dich und freue Dich. Bismarck ist jetzt kein Parteimann mehr. Ich habe, wenn ich mit ihm zusammen war, täglich klüger und besser zu werden gefühlt. Die Fülle tatsächlicher Mitteilungen von für mich großem Interesse war noch nicht einmal die Hauptsache; sein unabhängiger, freier Überblick über die äußeren und inneren Verhältnisse, seine kühnen Pläne, sein Zoll für Zoll männliches Wesen haben mich in tiefstem Grunde angeregt und erfrischt. Gerade in der Unabhängigkeit des Denkens und Wollens fühlte ich mich neu gestärkt durch ihn.

*

Kurd von Schlözer an seinen Bruder Nestor

St. Petersburg, 18./6. April 1859

Mein neuer Chef ist ein Mann, der keine Rücksichten kennt, voller Mißtrauen gegen alles von Werther Stammende, ein Gewaltmensch, der nach Theatercoups hascht, der imponieren will, der alles kennt, ohne es gesehen zu haben, alles weiß, obgleich er sehr vieles nicht weiß. Er ist nur an blutjunge Attachés in Frankfurt gewöhnt, die bei seinem Erscheinen stramm standen und zitterten.

Ganz Petersburg erklärt unser Haus für eins der gemütlichsten — der neue Herr findet es für sich nicht passend, sucht überall Wohnung, kann keine finden, nimmt aber doch nicht unser Haus, sondern wohnt im dumpfen Hotel Demuth. Dorthin müssen alle Arbeiten zum Besprechen und Zeichnen gebracht werden; dabei jagt ein Telegramm das andere, alles muß chiffriert werden. Werthern ist auf dem Punkt abzureisen, gilt jedenfalls als hier nicht mehr in Funktion, somit habe ich die ganze Last, die ich ohne weiteres tragen würde, denn ich mag gern arbeiten und au courant von allem sein. Aber ich verlange auch Rücksichten.

Die ersten Tage ging alles sehr gut. Er kam beinahe täglich zu mir, rauchte und arbeitete bei mir; wir waren fast gemütlich zusammen. Er hat die Liebhaberei, nicht selbst zu schreiben, sondern bogenlange Depeschen zu diktieren. Als er mir damit rudement kam, sagte ich einfach: „Das Talent, nach dem Diktat anderer zu schreiben, fehlt mir gänzlich". Von da an ist er mir damit nicht wieder gekommen. Sein Attaché Klüber muß nun schreiben, während er wie ein Pascha in der Stube auf und ab geht. Vor zehn Tagen schickte er abends 6 Uhr, als ich eben zu Heimbürgers zum Diner gegangen war, zu mir: „Ich solle um 7 Uhr bei ihm chiffrieren". Nichts ahnend komme ich 8½ Uhr zurück, finde Klüber bei mir, der schon seit 6 Uhr auf mich gewartet. Um 9 Uhr bin ich beim Chef mit der Chiffre. Er empfing mich sehr hochmütig, worauf ich loslegte und recht deutlich wurde. Er machte mir Vorwürfe, deren Grundlosigkeit ich ihm nachwies, und wogegen ich sehr entschieden auftrat. Das waren Dinge, die dem Seigneur noch nicht geboten waren. Zwei Tage darauf erhielt ich einen Ukas: „Für den Geschäftsbetrieb der Königlichen Gesandtschaft bestimme ich folgendes: 1. . . . 2. Herrn v. Schlözer ersuche ich, täglich 11 Uhr zum Besprechen der eingegangenen Sachen zu mir zu kommen. 3. . . .". Durch den Chef der Kanzlei erhielt ich von ihm den Auftrag an den Rand des Ukas mein vidi und Namen zu setzen. Das tat ich. Am folgenden Tage präzise 11 Uhr war ich bei ihm, in der vollständigen Haltung eines Tschinowniks, sehr kalt und gemessen. Er war verlegen, fragte mich, ob neue Sachen vorlägen. Ich antwortete kurz: „Nein". Darauf er: „Oh, so ist es nicht gemeint! Ich bat Sie nur zu kommen, wenn etwas zum Besprechen vorliegt". Darauf ging ich kalt aus der Stube. Also das „täglich" ist schon zurückgenommen, und nun soll er sukzessive alles weitere zurücknehmen — eher werde ich nicht wieder freundlich sein. Ich bin auf alles gefaßt, will aber doch sehen, wer von uns beiden es am längsten aushält. Dabei passe ich auf den Dienst wie ein Jagdhund, gebe mir furchtbare Mühe — aber ein freundliches Gesicht bekommt er nicht von mir. In dieser Behandlung des Seigneurs bin ich vorgestern durch einen Umstand bestärkt worden, den schriftlich auseinanderzusetzen zu weitläufig ist. Es handelt sich darum, daß er, um zu imponieren, überall die merkwürdigsten Dinge erzählt; niemand weiß, was wahr ist, und was man diesem Schauspieler glauben kann.

So jemand ist mir noch nicht vorgekommen! Ein neues Studium. Gemütlich ist die Sache nicht; aber lieber ungemütlich, als sich unterkriegen lassen. Seit vier Tagen habe ich ihn nicht gesehen; alle Arbeiten werden ihm aufs prompteste zu „Demuth" gebracht.

Im Ministerium in Berlin mag man ihn nicht — was allerdings nur eine Empfehlung für ihn sein könnte. Von dort erfährt er manche kleine Schikane. In Frankfurt hat er sich viel Feinde gemacht. Nach Petersburg ist er geschickt, um kaltgestellt zu werden. Er will hier nicht bleiben, er will in Berlin Minister des Innern, d. h. alsdann à la Manteuffel Ministerpräsident werden. Beim Prinzregenten steht er gut. Ebenso mit Gortschakoff, der schon in Frankfurt sein Kollege war.

*

Gustav Freytag an Frau Charlotte Duncker

Leipzig, 7. März 1860

Es ist kein Unglück mehr, liebe Freundin, wenn ein Ministerium Arnim-Bismarck oder etwas ähnliches käme. Der Prinz solls versuchen. Es wird einzelnes schlechter tun als das gegenwärtige, aber es wird dem preußischen Volk wieder ein kräftiges politisches Leben geben, d. h. starken Zorn, eine entschlossene, rücksichtslose Opposition. So werden neue Kräfte in der Kammer lebendig werden, welche jetzt ein langweiliges Klubhaus gutgezogener Gentlemen geworden, die über vieles schwatzen und in der ganzen Sitzung noch keine Stunde gehabt haben, welche die Deutschen warm machte.

*

Freiherr Franz von Roggenbach an Max Duncker

Fahrnau bei Schopfheim, 25. August 1860

Unter allen Umständen scheint es mir wünschenswert, daß auf eine oder die andere Weise Usedom von seiner angeblichen Kollegialität mit Bismarck, wie sie ihm die Wochenschrift des Nationalvereins und die Preußischen Jahrbücher zuweisen, wieder befreit werde, denn der Unterschied zwischen beiden ist immerhin zu groß, als daß sie auf diese Art in einem gemeinsamen Sarg eingesargt werden könnten. Usedom ist, welches auch seine vorübergehende politische Auffassung einer oder der anderen Frage sein mochte, ein der nationalen Entwicklung zugewandter durchaus liberaler Mann. — Der Mann, mit dem er da zusammengeworfen ist, aber bleibt ein grundsatzloser Junker, der in politischer Kanaillerie Karriere machen will.

*

Kurd von Schlözer an seine Eltern

St. Petersburg, 26./14. Nov. 1860

Mein Pascha ist jetzt in entsetzlicher Aufregung. Der Aufenthalt in Berlin, die dortige Ratlosigkeit und Verwirrung haben sein Blut wieder in Wallung gebracht. Wie es scheint, hält er bald seine Stunde für gekommen. Es wird eine heftige Kammersitzung geben, Schleinitz wird sich ärgern, wird seinen Abschied fordern — dann hofft Pascha einzurücken. Es ist aber die große Frage: paßt er für Preußen? passen die Preußen für ihn? In die engen beschränkten Verhältnisse plötzlich dieser vulkanische Geist! Wenn er über die auswärtige Politik Preußens rast, so verstehe ich ihn ...

Inzwischen erfährt Bismarck aus Berlin kein Wort, d. h. aus der Wilhelmstraße wird ihm nichts geschrieben. Man mag ihn dort nicht und tut so, als wenn er gar nicht existierte. Also treibt er Politik auf eigene Faust. Ein sogenanntes Haus macht er hier nicht, klagt immer auf Teuerung, sieht wenig Menschen, steht 11 oder 11½ Uhr auf, sitzt den ganzen Tag im grünen Schlafrock, macht sich gar keine Bewegung, trinkt desto mehr und — schimpft auf Österreich.

*

Max Duncker an Ernst von Stockmar

Berlin, 5. März 1862

Es gibt keinen anderen Mann, ein neues Ministerium zu bilden und zu leiten, als Herrn von Bismarck. Es würde seine erste Aktion sein, die deutsche Frage im Bunde mit Frankreich und Rußland gegen Österreich zu lösen, und nichts könnte ihm zu diesem Behufe erwünschter sein als ein Angriff Italiens und Frankreichs gegen Venetien.

*

Max Duncker an Ernst von Stockmar

Berlin, 10. März 1862

Ich neige mich daher zu der Meinung, daß auch das Ansehen der Krone sich besser dabei befindet, daß die Kraft derselben gewinnen würde, wenn anstatt der heterogenen Elemente im Schoße der Regierung ein einmütig konservatives Ministerium gebildet würde, vorausgesetzt, daß dieses seine Spitze nach außen kehrte und das Verlangen nach inneren Reformen durch Befestigung der preußischen Machtstellung beschäftigte und befriedigte, wie dies ein Ministerium Bismarck vermöchte. Ein konservatives Ministerium ohne auswärtige Erfolge würde allerdings nur ein Experiment von kurzer Dauer sein.

*

Legationsrat von Zschock an Max Duncker

Stuttgart, 12. April 1862

Auch will man wissen, daß Herr v. Bismarck zum Minister ausersehen sei; auf den Eintritt dieses Ereignisses wird in Wien gehofft. Die Rechnung ist allerdings insofern richtig, als man die Tatsache nicht überschätzt, daß Preußen keinen Zweiten besitzt, der, gleichviel mit oder ohne Grund, so gleichmäßig und in so hohem Grade, wie es v. Bismarck ist, allen deutschen Regierungen und dem ganzen Volke verhaßt wäre. v. Bismarck als Minister würde also mit einem Schlage Preußen in Deutschland isolieren, er würde durch die magische Kraft seines abstoßenden Namens allein aus den deutschen Mittel- und Kleinstaaten ein fürs erste zur gemeinsamen Abwehr vereintes Ganzes gegen Preußen bilden, dieses mit Österreich in enge Verbindung bringen und alle konstitutionellen und von nationalem Gefühl ergriffenen Parteien außerhalb Preußens in die Notwendigkeit versetzen, zu einem inneren Ausbau der deutschen Verfassung im Sinne der Würzburger die Hand zu bieten.

*

Kurd von Schlözer an seinen Bruder Nestor

Berlin, 25. September 1862

„Otto" also am Ruder! Ich wußte es vorher. Seit seiner Ankunft hier wiederholt mit ihm zusammen, auf einem Diner bei Bernstorff, langer Spaziergang, bei Schott usw. Als er aus Babelsberg kam, traf ich ihn auch; er sagte in ganz merkwürdigem Ton: „Ich fürchte, man hat mich eingefangen!"

Er macht allerhand Andeutungen, will mich heranziehen. Ich biege immer aus. Ich kann mich nicht mit Haut und Haar verkaufen. Für einen Sklaven passe ich nicht.

*

Heinrich von Treitschke an Wilhelm Nokk

Königstein 29. 9. 62

Du weißt, wie leidenschaftlich ich Preußen liebe; höre ich aber einen flachen Junker, wie diesen Bismarck, von dem „Eisen und Blut" prahlen, womit er Deutschland unterjochen will, so scheint mir die Gemeinheit nur noch durch die Lächerlichkeit überboten.

*

Kurd von Schlözer an seinen Bruder Nestor

Berlin, 5. Oktober 1862

Guter Bruder! Hier noch immer starke Krise. Bismarck spielt nach allen Seiten hin Komödie, versucht den König und alle Parteien einzuschüchtern, um eine Vereinigung der verschiedenen Richtungen herbeizuführen. Vorgestern hatte er Theremin und mich zum Essen bei Schott im kleinen Zimmer eingeladen, wo wir viel Sekt tranken, der ihm seine von Natur lose Zunge noch mehr löste. Er freut sich, daß er alle Welt etwas hinters Licht führt. Den König sucht er teils selbst, teils durch andere Einflüsse zu bewegen; dem Herrenhause gegenüber stellt er die von ihm projektierte Reaktion in so schwarzen Farben hin, daß — wie er meint — die Herren selbst Angst kriegen vor den Zuständen, die er eventuell herbeizuführen gesonnen zu sein vorgibt. Vor den Herren der Zweiten Kammer tritt er bald sehr stramm auf, bald so, daß sie seinen Wunsch zur Vermittlung durchriechen sollen. Die deutschen Kabinette endlich macht er glauben, daß der König nur mit Mühe den Cavourismus seines neuen Ministers zu zügeln vermag. Das läßt sich nicht leugnen, daß er bis jetzt durch seinen Geist und seine Blitze imponiert. C'est un homme!

*

Robert von Keudell an seinen Bruder

Berlin, 30. Oktober 1862

Bismarck ist in Geschäften wirklich wundervoll, von unbegreiflich schnellem Überblick und heiterer Entschlossenheit, verlangt aber mitunter Unausführbares, weil nicht alle Verwaltungsgesetze ihm geläufig sind. Gestern abend mußte ich wieder einmal vorstellen, daß dies und das nicht möglich sei. Er wurde, wie immer in solchen Fällen, ärgerlich und persönlich, ohne aber die Form im mindesten zu verletzen. In der Nacht grübelte ich darüber, ob ich für sein Naturell den richtigen Ton zu treffen vermöchte, und heute morgen ging ich in etwas gedrückter Stimmung zum Vortrag. Da kam er mir mit besonderer Freundlichkeit entgegen und sagte, er wolle mich nun auch im auswärtigen Dienst beschäftigen und deshalb mit Thile sprechen.

*

Karl Sammer an Max Duncker

Gotha, 24. März 1863

Über Bismarck ist wohl alle Welt minus „Kreuzzeitung" einig. Man kann garnicht darüber schreiben, der andere ist ohne weiteres einverstanden. Die Geschichte gibt wohl kein Beispiel eines solchen Ministers. Es wäre wohl Zeit zu neuen „vier Monaten auswärtiger Politik". Manteuffel war ja ein Pitt gegen diesen Burschen, selbst Bollmann würde es sein. Napoleon sagte zum Herzog: „Ein starkes und liberales Preußen war meine Allianz, aber ein Preußen, welches jede sechs Wochen ein anderes Ministerium hat und mit aller Welt in Feindschaft liegt, ist eine permanente Gefahr für Europa und Frankreich. Es nährt und regt alle revolutionären Leidenschaften auf". Sei versichert, Napoleon hatte es diesmal ernstlich mit einem frischen und fröhlichen Kriege im Sinne, nur England hat uns davor bewahrt.

*

König Wilhelm I. an Bismarck

Berlin, den 14. November 1864

Anliegend übersende ich Ihnen die Insignien des

hohen Ordens vom schwarzen Adler, dessen Verleihung ich Ihnen heute aussprach, als ich den Friedens-Tractat mit Dänemark in Ihrem Hause unterzeichnet hatte.

Die seltene Umsicht, Ausdauer und Energie, mit welcher Sie seit 2 Jahren die Regierung unter meiner Leitung führen, vor allem aber die erfolgreiche Tätigkeit, welche Sie seit einem Jahre bei der Behandlung des nun vollbrachten großen Werkes, entwickelten — gibt Ihnen das volle Anrecht auf die Verleihung dieses hohen Ordens.

Durch Ihre Unterstützung ist es mir gelungen, Preußen politisch und militärisch in der Stellung zu befestigen, die ihm die Vorsehung angewiesen hat. Ohne Kampf ist kein Sieg! Diese Erfahrung haben auch wir in vielen Beziehungen gemacht. Kämpfe wird es immer geben, möge unser stets der Sieg sein!

Möge der schwarze Adler Ihnen meinen Dank bringen und er immer hoch schweben!

Ihr treu ergebener

Wilhelm

Dem Minister-Präsidenten von Bismarck

*

Konstantin Rößler an Max Duncker

Hamburg, 6. August 1866

Was jetzt Preußen am meisten nottut, ist ein Minister des Innern, der auf seinem Felde ebenso produktiv vorurteilslos und modern, d. h. den lebendigen Kern der Dinge treffend ist, wie Bismarck in der auswärtigen Politik. Dahin, mein Freund, sollten Sie Ihre ganze Aufmerksamkeit und Ihre ganze Wirkungsfähigkeit richten.

*

König Wilhelm I. an Bismarck

Berlin, den 20. September 1866

Die heutige Feier des Einzugs Meiner siegreichen Truppen erinnert Mich ganz besonders an die großen Verdienste, welche Sie sich in dieser denkwürdigen Zeit erworben haben. Sie haben nicht allein als Staatsmann Ihren Namen für alle Zeiten auf die Ehrentafeln Unserer Geschichte geschrieben, sondern Sie haben Mir auch als Soldat treu zur Seite gestanden, und will Ich bei der heutigen militärischen Feier besonders dessen gedenken, daß Sie Mir überall das Herz und den Sinn eines Soldaten gezeigt haben. Ich will, daß Sie Meiner Armee dauernd angehören sollen und befördere Sie hierdurch zum Generalmajor, wobei Ich Sie gleichzeitig — damit Sie die bei Königgrätz getragenen Farben nicht ablegen — zum Chef des 7. schweren Landwehr-Reiter-Regiments ernenne.

Wilhelm

*

König Wilhelm I. an Bismarck

Berlin, den 12. 2. 1867

Im Rückblick auf den entscheidenden Wendepunkt, an welchen die Geschicke Preußens durch die ruhmwürdigen Kämpfe des vergangenen Jahres gelangt sind, wird es den spätesten Geschlechtern unvergessen sein, daß die Erhebung des Vaterlandes zu neuer Macht und unvergänglichen Ehren, daß die Eröffnung einer Epoche reicher und mit Gottes Hilfe segensvoller Entwicklung wesentlich Ihrem Scharfblicke, Ihrer Energie und Ihrer geschickten Leitung der Ihnen anvertrauten Geschäfte zu danken war.

Diesen Ihren Verdiensten von höchster Auszeichnung habe Ich durch Verleihung einer Dotation von vierhundert Tausend Thalern eine erneute Anerkennung zu gewähren beschlossen. Der Finanz Minister ist angewiesen, diese Summe zu Ihrer Verfügung zu stellen.

Es würde Meinen Wünschen entsprechen, wenn Sie diese Dotation, deren Verleihung Meinen und des Vaterlandes Dank bestätigen soll, durch fideicommissarische Anordnungen zu einem Grund- oder Capitalbesitze bestimmten, welcher mit dem Ruhm Ihres Namens auch Ihrer Familie dauernd erhalten bliebe.

Ihr dankbarer und treu ergebener
König
Wilhelm

*

Otto Gildemeister an seine Frau Felicie

Berlin, 27. Februar 1867

Ich flüchtete also in das Restaurant des Hotel Royal und dinierte dort solo. Hier traf ich den Protokollführer unserer Verfassungskonferenzen, Legationsrat Bucher, früheren Demokraten, jetzt Beamten im Auswärtigen Ministerium und Sekretär Bismarcks. Die Rede kam auf Autographen. Er erzählte mir, daß er sich gar nicht retten könne vor Gesuchen um Autographen Bismarcks. Man mache sich keinen Begriff von der Masse von Briefen, die der Minister von Unbekannten aus allen Ländern, namentlich aus England und Amerika, erhalte, besonders auch von den Damen. Bismarck läse das Zeug nicht, sondern überlasse ihm, Bucher, die Beantwortung. Erst heute habe er einen solchen Brief von einer Amerikanerin in die Hände bekommen, welche eine Unzahl Gewissensfragen an Bismarck richte, z. B. „Are you a married man? Do you like the United States? Do you like American ladies?“ Um der Nachfrage nach Autographen zu begegnen, würden die Kuverts, die Bismarck an den König adressiere („an des Königs Majestät — von Bismarck“) sorgfältig gesammelt.

Der König nämlich, der das Schreiben nicht liebe, schicke die Sachen mit demselben Kuvert an den Minister zurück, streiche die Worte „an des Königs Majestät" durch, schreibe darunter: „An den Ministerpräsidenten" und verbinde dann durch einen langen Federstrich diese Worte mit dem in der Ecke stehenden Namen „Bismarck". Auf diese Weise erhalten dann die glücklichen Sammler zugleich ein Autograph des Königs mit in den Kauf.

*

Otto Gildemeister an seine Frau Felicie

Berlin, den 18. August 1867

Hier ist man in den höheren Regionen ganz erfüllt von einem neuen Meisterstreiche Bismarcks. Während seiner Abwesenheit hatten seine Kollegen die neuen Provinzen durch allerlei unsinnige Schikanen in höchste Aufregung gebracht, besonders die sonst wohlgesinnten Hessen. Nach Berlin zurückgekehrt, geriet Bismarck in olympischen Zorn über diese „Dummheiten", setzte sich auf die Eisenbahn, fuhr nach Ems und überredete den König, die Versöhnungsreise anzutreten, die er soeben vollendet hat. Der König hat in Frankfurt und Kassel gewissermaßen dem Volke Abbitte getan und seine Minister desavouiert. Er hat öffentlich erklärt, es seien Irrungen und Mißgriffe vorgekommen, aber er gehe jetzt nach Berlin, um alles wieder ins Gleiche zu bringen. Heute ist er in Babelsberg eingetroffen. Nun soll große Wut gegen Bismarck in den Kreisen der verleugneten Minister herrschen, während man in den neuen Provinzen jubelt. Zugleich hat Bismarck den Bundesrat so organisiert, daß die anderen Minister gar nichts damit zu schaffen haben und er allein die Direktion gibt. Die wichtigen Folgen dieser genialen Schritte sind noch gar nicht abzusehen. Aber, „ER" muß am Leben bleiben, après lui le déluge!

*

Otto Gildemeister an seine Frau Felicie

Berlin, den 21. August 1867

„ER" war noch nicht zu Hause, sondern in der Pfuhlschen Schwimmanstalt, eine Meile entfernt, von wo er heimreiten wollte. Der Kammerdiener und Herr von Keudell fingen schon an, unruhig zu werden. Aber um zwei kam er doch endlich angetrabt. Nachdem der Russe expediert war, kamen wir an die Reihe. Er empfing uns in seinem kleinen, recht netten Arbeitskabinett, gab uns die Hand und nötigte uns ins Sofa. Wir trugen nun unser Sprüchlein vor, er mit sehr ernsthaftem Gesichte aufmerksam horchend. Er hatte beim Schwimmen Wasser ins Ohr bekommen und schnob sich oft stürmisch. Wir hatten hauptsächlich den Finanzminister zu verklagen, der den Hansestädten bei Berechnung der Bundessteuern gern das Fell über die Ohren ziehen möchte. Er ließ uns ruhig auf seinen Kollegen losziehen und sagte schließlich, wir hätten im Grunde ganz recht, und er werde nicht zugeben, daß man uns zu nahe träte. Er betrachte Bremen so gut wie Breslau oder Köln als eine preußische oder deutsche Stadt. Die alte Unsitte, daß die deutschen Regierungen untereinander sich zwackten, müsse jetzt aus unserer Geschichte verschwinden. Auch dem Hamburger Senator sagte er Tröstliches. Er sprach wie gewöhnlich etwas stockend, aber mit erfrischender Natürlichkeit, das Gegenteil eines Büromenschen. Wir schieden zufrieden. Versmann, der Bismarck nie gesehen hatte, war ganz verliebt. Er hatte sich ihn völlig anders gedacht, namentlich nicht geahnt, daß sein Wesen so viel Sanftes, „Jungfräuliches" habe, wie er es gefunden.

*

Otto Gildemeister an seine Frau Felicie

Berlin, den 14. März 1868

Bismarck erzählte uns u. a.: „„Heute vormittag beim Spazierenreiten haranguierte mich im Tiergarten ein Berliner Bummler, der mich um ein Almosen bat. Der Kerl sah ganz versoffen aus, und ich bemerkte ihm, er werde sich für für das Geld nur Branntwein kaufen. Darauf antwortet er: „Exzellenz (denn ein Inkognito ist, seitdem der König mir diese Uniform gegeben hat, nicht mehr zu denken), Exzellenz, Sie können das jar nich beurteilen, was das Leben ohne Schnaps ist, es is auf dieser Welt mein einzijes Verjnügen." Da war natürlich nicht zu widerstehen. Der Kerl hatte wahrscheinlich die Nacht vorher im Tiergarten geschlafen. A propos ich finde es eine Barbarei, daß die Polizei den Vagabunden nicht einmal das Nachtlager gönnt. Die Polizei kehrt sich nicht an Virgils Poesie:

„Tityre, tu recubans patulae sub tegmine fagi"

(Tityrus, unter dem Dach der schattigen Buche gelagert), sondern fängt die Tityrusse alle vierzehn Tage einmal ein; es ist eigentlich schändlich! Mein Vater, der sehr zum ancien regime gehörte und nur mit äußerstem Widerstreben sich entschloß, eine Brennerei auf dem Gute anzulegen, sagte immer: „Ich muß jetzt vor jedem Trunkenbold meinen Hut ziehen; er gehört zu den Stützen meines Wohlstandes.""

*

Eduard Simson an Bismarck

Frankfurt a. O., 31. Januar 1869

Hochgeborener Graf

Hochverehrter Herr Bundeskanzler und Minister-Präsident,

Des Königs Majestät haben, wie durch ein Telegramm des Herrn Justiz-Ministers zu meiner Kenntnis gebracht wird, allergnädigst geruht, mich zum Ersten Präsidenten des hiesigen Apellationsgerichts zu ernennen.

Ich weiß sehr wohl, wem und wem allein ich diese Beförderung zu danken habe, die meiner amtlichen Laufbahn einen mich auf das Tiefste befriedigenden Abschluß gewährt. Ew. Excellenz haben, um sich meiner zu diesem Behuf annehmen zu können, manches wohlwollend in Betracht ziehn und anderes großherzig vergessen mögen.

Um so unvertilgbarer wird in mir das Gefühl der tiefen Dankespflicht sein, die Ew. Excellenz mir auferlegt haben und die ich Ihnen gegenüber gern trage. Möchte ich zu — wie auch bescheidener — Mitwirkung bei den großen Plänen berufen bleiben, die Ihre Seele erfüllen und von denen wir einen ansehnlichen Teil in Bewunderung und Staunen sich bereits verwirklichen gesehen haben.

Mit den lebendigsten Wünschen für Ew. Excellenz und mit der Bitte, daß es Ihnen gefallen möge, mir Ihr Wohlwollen zu bewahren, verharre ich in tiefer Verehrung, Herr Graf,

Ew. Excellenz
gehorsamster Diener
Präsident Simson

*

König Wilhelm I. an Bismarck

Berlin 22. 2. 69

Überbringer dieser Zeilen hat mir Mitteilung von dem Auftrage gemacht, den Sie ihm für sich gegeben haben!

Wie können Sie nur daran denken, daß ich auf Ihren Gedanken nicht eingehen könnte! Mein größtes Glück ist es ja, mit Ihnen zu leben und immer fest einverstanden zu sein! Wie können Sie sich Hypochondrien darüber machen, daß eine einzige Differenz Sie bis zum extremsten Schritt verleitet! Noch aus Varzin schrieben Sie mir in der Differenz wegen der Deckung des Déficits, daß Sie zwar anderer Meinung wie ich seien, daß Sie aber bei Übernahme Ihrer Stellung es sich zur Pflicht gemacht hätten, (daß), wenn Sie pflichtmäßig Ihre Ansichten geäußert, Sie sich meinen Beschlüssen immer fügen würden. Was hat denn diesmal Ihre so edel ausgesprochenen Ansichten von vor 3 Monaten so gänzlich verändert? Es gibt nur eine einzige Differenz, ich wiederhole es, die in F. a. M. Die Usedomiana habe ich gestern noch ganz eingehend nach Ihrem Wunsch besprochen, schriftlich; die Haus-Angelegenheit wird sich schlichten; in der Stellen-Besetzung waren wir einig, aber die Individuen wollen nicht! Wo ist da also Grund zum Extrême.

Ihr Name stehet in Preußens Geschichte höher als der irgend eines Preuß(ischen) Staatsmanns. Den soll ich lassen? Niemals. Ruhe und G e b e t wird alles ausgleichen. Ihr treuester F r e u n d

W.

*

Hermann von Thile an Robert von Keudell

Berlin, 13. August 1869

Die hiesige Tretmühle war in letzter Zeit ziemlich unerfreulich; nur armseliges Zeug, mit dem zwischen Varzin, Berlin und Ems Federball gespielt wurde. Dabei wenig Hilfe; und der Chef more solito eigensinnig, quänglig, bald in minima ohne Aktenkenntnis hineintapsend, bald auf erhebliche Dinge jedes Eingehen störrisch abweisend. Aber was tuts? Wenn seine Gesundheit gehörig wieder hergestellt wird, dann können wir dreist fragen „Was kostet Europa?"

*

König Wilhelm I. an Bismarck

Berlin, den 13. Januar 1870

Leider vergaß ich noch immer, Ihnen die Sieges-Medaille zu übergeben, die eigentlich zuerst in Ihren Händen hätte sein müssen, und so sende ich sie Ihnen hierbei als Siegel Ihrer welthistorischen Leistungen.

Ihr
Wilhelm

*

Aus einem Brief von Julius von Hartmann

31. Juli 1870

Auch Bismarck fuhr mit ab; er sah prächtig aus, war höchst fidel und aufgeräumt; stolz und mächtig und vergnügt blickten seine Augen; auch mit ihm schüttelte ich mir die Hände. Moltke sah ich nicht; er soll wie immer vollständig gleichgiltig ausgesehen haben. Was muß der Mann für Nerven haben! Ich war auch Zeuge davon, wie Bismarck von Manteuffel Abschied nahm. Der erstere kam auf den letzteren mit herzlichem Ausdruck in der Miene zu, als wollte er sich mit ihm die Hand schütteln, bevor er diesen entscheidenden Gang tue. Manteuffel empfing ihn ganz kühl, Bismarck wurde es auch, und beide gaben sich die Hände ohne alle Herzlichkeit; ihr Verhältnis zueinander blieb unverändert. Manteuffel soll furchtbar erregt sein, um Unwesentliches sich in den stärksten Äußerungen ergehen. Seine Umgebung hat einen schweren Stand.

*

Niederschrift des Dr. med. Kupferberg in Mainz aus dem Jahre 1870

Als Bismarck bei uns einzog, war mein ältester Bruder Franz als Einjähriger bei den Dragonern bereits einige

Tage vorher mit ins Feindesland abgerückt. Mein zweitältester Bruder hatte sich, da er zum Dienen noch zu jung war, als freiwilliges Mitglied einer Sanitätskolonne, die nach Frankreich ging, angeschlossen. Im elterlichen Hause blieben meine Schwestern Lina und Helene, mein Bruder Flor und ich. Die Haupterinnerung für uns Kinder bildet vor allem Bismarcks imposante Erscheinung, betrug doch seine Größe, wenn ich nicht irre, 1,90 Meter. Sein durchdringend, unter den buschigen Brauen blickendes Adlerauge bleibt uns unvergeßlich. Mehrmals überraschte er uns beide Knaben, wie wir uns in seinem in der Waschküche improvisierten Stalle mit seinem riesenhaften Pferde beschäftigten, auf das wir mit Hilfe einer Leiter zu klettern versuchten. Eines Tages sprach er seine Freude darüber aus, daß wir Interesse an Pferden hätten, „dies müssen die Knaben". Dabei hob er mich auf den Rücken des Pferdes, was ich früher mit der Leiter vergeblich gesucht hatte, da das Pferd sehr unruhig stand. Ein fernerer Gegenstand unserer Bewunderung waren des Kanzlers Riesenpallasch und Helm (Bismarck trug in Mainz stets die gelbe Kürassieruniform). Ehe er das Speisezimmer meiner Eltern betrat, stellte er stets den Pallasch, auf den er den Helm stülpte, in eine Ecke. Wie schmerzlich für uns Kinder, daß wir nicht mitessen durften. Zum Zeitvertreib trachteten wir danach, den Pallasch aus der Scheide zu ziehen, allein die Mühe war vergeblich. Meine älteste Schwester lebte in Frankreich (Epernay) an einen Sektfabrikanten verheiratet. Eines Tages, während Bismarck mit den Eltern beim Mittagessen saß, kam ein Brief dieser Schwester. Als der Kanzler die französische Freimarke sah, fragte er sogleich, was denn die Tochter aus Frankreich Neues berichte, worauf ihm mein Vater den Brief teilweise vorlesen mußte, in welchem der Passus vorkam, daß die Franzosen nicht eher ruhen wollten, als bis sie in Berlin einzögen und

Bismarcks Kopf und Wilhelms Degen besäßen. Bismarck schmunzelte und meinte scherzend, daß das den Franzosen doch nicht so leicht werden sollte. Es ist für Bismarcks umfassenden Geist bezeichnend, daß er sich auch für das Geschäft meines Vaters und dessen Aussichten für die Zukunft lebhaft interessierte. In einer Plauderstunde kam die Rede darauf, daß die Anschauungen des Volkes — auch in Mainz — über ihn, Bismarck, in verhältnismäßig kurzer Zeit völlig andere geworden wären. Bismarck wußte das am besten. Er hatte sogar Kenntnis davon, daß viele süddeutsche Damen die Photographie des Attentäters Blind als Reliquie in ihren Albums aufbewahrt hatten. Meine Mutter wurde bei diesem Gespräch feuerrot, und Bismarck neckte: „Also auch Sie, Frau Kupferberg?" Und die verlegene Antwort lautete: „Ich zwar nicht, aber meine Tochter!" „Na, da sehen Sie, daß ich recht hatte," antwortete der Kanzler.

*

Aufzeichnungen von Louis Ulbach

Ich las kürzlich in den „Mémoires de la société des lettres, sciences et arts" von Bar-le-Duc, daß in dem Augenblick, als der Marsch der deutschen Armee nach Sedan vor sich ging, Herr von Bismarck die Zeit fand, mit den im Gymnasium von Bar-le-Duc gebliebenen Lehrern die Verdienste der deutschen und französischen Erziehung mit großer Aufmerksamkeit zu besprechen. Man stand am Vorabend der letzten Anstrengung, der Endkrisis, und unser großer Feind besichtigte in der Absicht, uns zugleich auf allen Seiten zu besiegen, am 28. August 1870 das Gymnasium im einzelnen, indem er sich über die Zahl der Stunden, über den Stand der Studien erkundigte. Dieser Besuch, mit dem Herr von Bismarck nicht großtut, den sein Historiograph, Herr

Moritz Busch, nicht gekannt zu haben scheint, und über den ein Professor des Gymnasiums von Bar-le-Duc berichtet, scheint mir eine besondere Bedeutung zu haben. Der Kanzler tadelte bei diesem Besuch nachdrücklich das Internat, welches das Kind von der Familie trennt. Er gestand zu, daß die deutschen Universitäten zu viel Freiheit gewähren, aber er schien die lärmende Freiheit für die Jugend der Einförmigkeit, der Entnervung der französischen Einsperrung vorzuziehen. Er fand es seltsam, daß man die Scheiben der Fenster matt mache, daß es den Schülern in den Klassen nicht gestattet sei, den Himmel und den Raum zu sehen, und daß man an den Türen Gucklöcher anbringe, um die Schüler zu überraschen und auszuspionieren. Herr von Bismarck tadelte sogar die Bänke der Kapelle, die sich nicht dem Chor gegenüber befanden und auf der Seite angebracht waren, so daß die Kinder Feierlichkeiten anwohnten, die sie nicht sähen. Als er alles besichtigt, alles verglichen hatte, ließ er sich ein Glas Kirschwasser geben, trank auf den Frieden, indem er zugleich erklärte, daß er wenig an denselben glaube, und ging fort, um die Ankunft der deutschen Armee auf dem letzten Schlachtfelde des Kaiserreichs zu beschleunigen.

*

Feldpostbrief eines Angehörigen der Württembergischen Felddivision

Reims, Anfangs September 1870

Es war in den ersten Septembertagen 1870, als mit dem Hauptquartier des Königs von Preußen auch ein Teil der württembergischen Felddivision in der alten Krönungsstadt Reims einrückte. Für uns Schwaben bot sich damit die in dem Kreuz und Quer unserer Märsche bis dahin seltene Gelegenheit, den obersten Kriegsherrn von Angesicht zu Angesicht zu sehen, und als einer der ersten stand Schreiber dieser Zeilen vor dem erzbischöflichen Palais, dem Absteigequartier des Königs, um eine Gelegenheit zu erhaschen, des Königs ansichtig zu werden. Es bot sich aber nichts, und enttäuscht wandte ich mich zu dem nahen Hotel Maison Rouge, in welchem Moltke mit seinem Stab abgestiegen war, um nun wenigstens den großen Schlachtendenker zu sehen. Heiterer Lärm drang aus dem mit Offizieren überfüllten Gasthofe, aber Moltke zeigte sich nicht. Da auf einmal tritt ein großer, breitschultriger Offizier heraus in dunkelblauem Waffenrock mit gelbem Kragen und weißer, goldgeränderter Mütze. Gestalt, Haltung und Gesichtszüge fesselten mich sofort, und mit einer Art freudigem Schreck sagte ich mir: dies ist Bismarck und kein anderer! Raschen Schrittes, meinen militärischen Gruß kaum beachtend, ging er an mir vorüber, die Straße an der Vorderfront der Kathedrale entlang einer engen Gasse zuschreitend. Instinktiv folgte ich ihm, stand doch in mir fest, daß es Bismarck sei; denn oft gesehene Bilder hatten ihn zu gut gezeichnet, und genau so hatte ich ihn mir auch gedacht. Durch eine, zwei, drei enge Gassen ging es, der große Breitschultrige immer voraus, ich in bescheidener Zurückhaltung und Entfernung hinterher. In immer einsamere Gassen verlor er sich, nie um sich blickend und die scheu vor ihm ausweichende Straßenjugend ebensowenig eines Blickes würdigend wie die ihm begegnenden und an ihm emporschauenden Blusengestalten. Ebensowenig schien er sich um den Weg zu kümmern, denn er schritt immer geradezu, scheinbar stets die nächste beste Straße nehmend. Ich sagte mir: wanderst du denn gar so unbesorgt auf dem Boden dieser feindlichen Stadt und schützt dich auf der ganzen Welt hier keiner, so will wenigstens ich dich schützen, wenn dir etwas passieren sollte! Mit der Hand am Säbel zog ich wenigstens noch eine halbe

Stunde als freiwillige Leibwache hinter dem Großen her, der mir schon seiner Unerschrockenheit wegen immer mehr als der richtige Bismarck erschien. Endlich schlug er eine Richtung ein, die zurückzuführen schien; auch zog er wiederholt die Uhr und sah aufwärts, als suche er die Türme der Kathedrale, um sich zu orientieren. Diese zeigten sich denn auch in etwa halbstündiger Entfernung, und nun ging die Wanderung in beschleunigtem Tempo durch eine Reihe neuer Straßen in der Richtung der Kathedrale zurück. Als wir wieder in die lebhafteren Teile der Stadt kamen, wandte er sich nach dem Platze, auf dem das Gebäude der Mairie steht, in dem das Etappenkommando und andere militärische Behörden und Spitzen ihren Sitz aufgeschlagen hatten. Hier machte er einen Augenblick Halt, zog nochmals die Uhr und schritt dann elastisch und aufrecht wie ein Grenadier die große, prächtige Freitreppe hinan, um, von dem Doppelposten mit präsentiertem Gewehr empfangen, in der Mairie zu verschwinden. Jetzt faßte ich mir ein Herz, schritt durch den Doppelposten und ging ohne Weiteres auf einen in der Vorhalle stehenden Offizier zu und frage ihn, mich militärisch meldend, wer der eingetretene Offizier gewesen sei. „Das war Bismarck" antwortete, mich mit dem strengen, aber doch gütigen Blick des Vorgesetzten messend, der Offizier, sichtlich erfreut über die Neugier seines schwäbischen Kampfgenossen im schlichten Soldatenrock. Ich war stolz und glücklich, daß ich also mich nicht getäuscht hatte, aber noch stolzer und glücklicher, daß ich fast eine Stunde lang in dieser feindlichen Stadt der Beschützer Bismarks hatte sein können. Man bedenke: in dem großen, von Truppen eben nicht allzusehr besetzten Reims mit seinem ungeheuren müßiggehenden Proletariat und Franctireurgesindel wandert Bismarck, dieser verhaßteste Deutsche, fast eine Stunde mutterseelenallein durch die entlegensten Straßen, furchtlos, nicht um sich blickend und mit dem augenscheinlichen

Gefühl der Sicherheit, als wandle er auf dem trauten Boden der Heimat.

*

Aus dem Feldpostbrief eines preußischen Soldaten vom 4. September 1870

Heute morgen — 4. September also — rückten wir um 6 Uhr ab, auf Reims zu; der Kronprinz kam vorbei, von tausendstimmigem Hurra begrüßt; noch größer wurde der Jubel, als später auch der König vorbeifuhr. Grade bei unserem Regiment mußte der Königliche Zug einen kleinen Halt machen; unmittelbar neben uns stand eine Equipage aus der Suite des Königs, worin ein Offizier in Kürassieruniform ganz gleichgiltig zurücklehnte, als ob gar nichts passiert sei. Die Mütze saß ganz hinten; das war Bismarck! Bismarck, Bismarck! schrie es überall. Die Offiziere traten an den Wagen, ich mit ihnen, und ich hörte, wie Bismarck sagte: „Meine Herren, der vorgestrige Tag wird in der Weltgeschichte vermerkt werden; ich habe an diesem Tage in einer ärmlichen Arbeiterwohnung, in einem Zimmer so groß wie mein Wagen mit Lehmwänden umschlossen, an einem Fichtentische, auf Binsenstühlen sitzend, zwei Stunden mit dem Kaiser konferiert. Das war unser erstes Wiedersehen nach 1867 in den Tuilerien. Den Kontrast vergesse ich nie. Er hat übrigens seinen ganzen Troß mit und namentlich seine Küche. Wir bringen ihn nach Cassel; er hat gute Pferde, aber er mußte doch Majestät heute um 10000 Taler anpumpen (das ist die volle Wahrheit). Auf Wiedersehen meine Herren!"

Damit fuhr er fort.

*

Kaiser Wilhelm I. an Bismarck

Berlin, den 21. März 1871

Mit der heutigen Eröffnung des ersten deutschen Reichstags nach Wiederherstellung eines Deutschen Reiches beginnt die erste öffentliche Tätigkeit desselben. Preußens Geschichte und Geschicke wiesen seit längerer Zeit auf ein Ereignis hin, wie es sich jetzt durch dessen Berufung an die Spitze des neugegründeten Reiches vollzogen hat. Preußen verdankt dies weniger seiner Ländergröße und Macht, wenngleich beides sich gleichmäßig mehrte, als seiner geistigen Entwicklung und seiner Heeres-Organisation. In unerwartet schneller Folge haben sich im Laufe von 6 Jahren die Geschicke meines Landes zu dem Glanzpunkte entwickelt, auf dem es heute stehet. In diese Zeit fällt die Tätigkeit, zu welcher ich Sie vor 10 Jahren zu mir berief. In welchem Maaße Sie das Vertrauen gerechtfertigt haben, aus welchem ich damals den Ruf an Sie ergehen ließ, liegt offen vor der Welt. Ihrem Rath, Ihrer Umsicht, Ihrer unermüdlichen Tätigkeit verdankt Preußen und Deutschland das weltgeschichtliche Ereignis, welches sich heute in meiner Residenz verkörpert.

Wenngleich der Lohn für solche Taten in Ihrem Innern ruhet, so bin ich doch gedrungen und verpflichtet, Ihnen öffentlich und dauernd den Dank des Vaterlandes und den meinigen auszudrücken. Ich erhebe Sie daher in den Fürstenstand Preußens mit der Bestimmung, daß sich derselbe stets auf das älteste und männliche Mitglied Ihrer Familie vererbt.

Mögen Sie in dieser Auszeichnung den nie versiechenden Dank erblicken

Ihres

Kaisers und Königs
Wilhelm

*

Gustav Freytag an Herzog Ernst von Coburg

Leipzig, 20. Juni 1871

Im **Zuge** ritt der Fürst — den seine Gegner den künftigen **Reichsfürsten** von Elsaß und Lothringen nennen —, genau **wie** Wallenstein, trotzig und beifallslustig. Er konnte sichs nicht versagen, lange vor den andern auf das **Tempelhofer** Feld zu reiten und wieder allein reitend vor dem **Ende** sich von der Festlichkeit zu lösen, um in einsamer **Größe** durch die jauchzende Menge zu wirken. **Uns andern** bleibt nichts übrig, als sorglich zuzusehen, denn **gegen** Warnungen ist er unzugänglich.

*

John Motley an eine Freundin

Varzin, Juli 1872

Liebe **Mary**! Wir verließen Berlin gestern morgen ³/₄9 **Uhr und** kamen auf Station Schlawe um ¹/₂5 Uhr an. **Wir hatten bis** Varzin anderthalb Stunden zu fahren. Als der **Postillon** sein Horn blies und an der Tür vorfuhr, **kamen Bismarck**, seine Frau, Marie und Herbert alle **heraus und** bewillkommneten uns schon am Wagen in der **herzlichsten** Weise. Ich fand seine Erscheinung wenig **verändert** seit 1864, was mich überrascht hat. Er ist etwas **stärker** geworden und sein Gesicht verwitterter, aber ebenso eindrucksvoll und gewaltig wie immer. Frau v. **Bismarck** hat sich noch weniger verändert in den vierzehn **Jahren**, seit ich sie gesehen. Sie sind beide so gütig und **liebenswürdig** gegen Lilli, daß es ihr vorkommt, als **hätte** sie sie Zeit ihres Lebens gekannt. Marie ist **ein niedliches** Mädchen mit schönem dunklem Haar und **grauen** Augen — einfach, ungeziert und gleich Vater und **Mutter** voll Übermut. Die Lebensweise ist höchst **ungeniert**, wie Du Dir denken wirst, wenn ich Dir sage, daß **wir** direkt vom Wagen in den Speisesaal geführt **wurden** (nach einer staubigen, heißen Reise in

Eisenbahn und Wagen zehn Stunden unterwegs) und uns niedersetzen und das Essen nachholen mußten, welches schon halb vorüber war, da wir durch irgend ein contretemps eine Stunde später anlangten als wir erwartet wurden. Nach Tisch machte Bismarck mit mir einen Spaziergang in den Wald, wobei er die ganze Zeit in der einfachsten, lustigsten und interessantesten Weise über alles sprach, was sich in diesen furchtbaren Jahren ereignet hat; aber er sprach davon, wie alltägliche Leute von den alltäglichsten Dingen reden, ohne jede Affektation. Und gerade, weil er so einfach ist, sich so gehen läßt, muß man innerlich zu sich selbst sagen: Das ist der große Bismarck, der größte der jetzt lebenden Menschen und einer der größten Charaktere, die es je gegeben hat. Wenn man im vertrauten Umgange mit Brobdingnags (Riesen aus Gullivers Reisen von Swift) lebt, so scheint es augenblicklich, als wären wir alle auch Brobdingnags, und das wäre überhaupt so die Regel, man vergißt den Vergleich mit der eigenen Kleinheit. Es gibt dagegen viele Leute in gewissen Dörfern, die uns bekannt sind, welche über ihre Umgebung einen viel erkältenderen Hauch wegblasen, als wenn sie Bismarck wären. —

Am Abend saßen wir wieder als gemischte Gesellschaft beisammen, indem die einen Tee tranken, die anderen Bier und einige Selterwasser, während Bismarck eine Pfeife rauchte. Er raucht jetzt aber wenig und nur ganz leichten Tabak in der Pfeife. Früher, als ich ihn kannte, rauchte er unaufhörlich die stärksten Zigarren, und jetzt, sagte er, könne er nicht mehr, um sein Leben zu retten, Zigarren rauchen, solchen Widerwillen erregen sie ihm. Ein Gutsnachbar, Herr v. Thadden, und Frau waren die einzigen Gäste, und sie gehen heute nachmittag wieder fort. Dieser Freund hatte die Schlacht von Königgrätz mitgemacht, und Bismarck erzählte eine Menge Anekdoten von jener Schlacht. . . . Ich wünschte, Du hättest ihm zuhören können. Du kennst seine Art und Weise, von allen Männern, die ich je gesehen, klein oder groß, ist er am wenigsten poseur. Alles kommt so nebenbei und nachlässig heraus. Ich fragte ihn, ob er nun mit dem Kaiser von Österreich gut Freund wäre. Er sagte: ja, und der Kaiser wäre im vorigen Jahr in Salzburg ausnehmend höflich gegen ihn gewesen und durch den ganzen Saal sogleich auf ihn zugekommen, als er sich in der Tür gezeigt. Er sagte, als er noch jünger war, habe er sich für einen ganz klugen Burschen gehalten, aber sich allmählich überzeugt, daß niemand wirklich mächtig und groß sei, und er müsse darüber lachen, wenn er sich preisen höre als weise, vorherrschend und als übe er große Macht aus in der Welt. Ein Mann in seiner Stellung sei genötigt, während Unbeteiligte erwägen, ob es morgen Regen oder Sonnenschein geben würde, prompt zu entscheiden: es wird regnen oder es wird schön Wetter sein, und demgemäß zu handeln mit allen ihm zu Gebote stehenden Mitteln. Hatte er recht geraten, so rief alle Welt: welche Weisheit, welche Prophetengabe! Hatte er unrecht, so möchten alle alten Weiber mit Besenstielen nach ihm schlagen. —

Wenn er weiter nichts gelernt hätte, so hätte er Bescheidenheit gelernt. Ganz gewiß lebte nie ein Sterblicher, der so unaffektiert war, und auch kein genialerer. Er sieht aus wie ein Koloß, aber seine Gesundheit ist schon erschüttert. Er kann nie vor vier oder fünf Uhr morgens einschlafen. Natürlich folgt ihm seine Arbeit hierher nach, doch schien sie ihn wenig zu belästigen. Er sieht aus wie ein Landedelmann, der vollkommen Muße hat ...

*

Kaiser Wilhelm I. an Bismarck

Berlin, den 1. Januar 1873

Sie wissen, mit wie schwerem Herzen ich Ihren Wunsch erfüllt habe, indem ich Sie von dem Vorsitz meines

Staatsministeriums entband. Aber ich weiß, welche geistige und körperliche Anstrengung die zehn Jahre dieser Stellung von Ihnen verlangten, und will deshalb nicht länger anstehen, Ihnen eine Erleichterung zu bewilligen.

Zehn inhaltsschwere Jahre liegen hinter uns, seit Sie meiner Berufung, an die Spitze der preußischen Verwaltung zu treten, Folge leisteten! Schritt für Schritt hat Ihr Rat und Ihre Tat mich in den Stand gesetzt, Preußens Kraft zu entwickeln und Deutschland zur Einigung zu führen. Ihr Name steht unauslöschlich in der Geschichte Preußens und Deutschlands verzeichnet, und die höchste Anerkennung ist Ihnen von allen Seiten gerecht zuteil geworden. Wenn ich genehmige, daß Sie die mit so sicherer Hand geführte Verwaltung Preußens niederlegen, so werden Sie mit derselben doch unter Fortführung der politischen Aufgaben Preußens in Verbindung mit denen der deutschen Reichskanzlerstellung im engsten Zusammenhang bleiben.

Durch die Verleihung der brillantenen Insignien meines hohen Ordens vom Schwarzen Adler will ich Ihnen bei diesem Anlaß einen erneuten Beweis meiner höchsten Anerkennung und nie erlöschenden Dankbarkeit geben!

Mögen die Ihnen gewährten geschäftlichen Erleichterungen die Kräftigung Ihrer Gesundheit sichern, die Sie erhoffen und ich wünsche, damit Sie lange noch dem engeren und dem weiteren Vaterlande und mir Ihre bewährten Dienste leisten können.

Ihr

treu ergebener dankbarer König

Wilhelm

*

Kaiser Wilhelm I. an Bismarck.

Gastein, 17. 7. 74

Endlich komme ich dazu nach dem teilnehmenden Télégramm aus München, Ihnen noch selbst diese Zeilen zu widmen! Vieler Worte braucht es zwischen uns nicht, um die Gefühle zu schildern, die mich erschütterten, als während dem Königlichen Diné in München, p. Werthern mir das Télégramm einhändigte, das die Schreckens-Nachricht enthielt, aber auch zugleich die Göttliche Fügung zeigte, die abermals verruchte Menschenanschläge gnädiglich von Ihnen abwendete!! Diese Gnade kann in der ganzen weiten Welt kein Mensch dankbarer erkennen und preisen als ich! Kaum bin ich beruhigt über Ihre befestigtere Gesundheit, so muß dieses Attentat kommen, um mir — und jedermann — es vor die Augen zu stellen, was an Ihrem Leben hängt! Aber dieses Gefühl ist auch so durchschlagend zu Tage getreten, daß es Ihnen eine unbeschreibliche Genugtuung gewähren muß! Und wenn wir auch im tiefsten Herzen bedauern müssen, daß Sie und die Ihrigen so tief erschüttert worden sind, so sollte doch zugleich die Göttliche Fügung erkannt werden, was Sie dem engeren und weiteren Vaterlande sind, ja der Welt sind, und was noch von Ihnen verlangt und erwartet wird! Daß unser Leben in Gottes Hand stehet, weiß jeder Christ, aber wir beide haben es sichtlich gesehen, da die auf uns gezückte Mörderhand nur von dort Oben von uns abgelenkt ward!

So wollen wir Gott vertrauend, getrost ferner durchs Leben schreiten und handeln und wirken so lange es Dem gefallen wird!

In der Hoffnung, daß Ihre Wunde rasch heilen wird und Ihrer Kur keinen Schaden bringe, bin ich wie immer, und mehr wie je,

Ihr
dankbarer König und Freund
Wilhelm

*

Gustav Freytag an Herzog Ernst von Coburg

Siebleben, 21. December 1874

Bismarck ist innerlich so verdüstert und müde, daß er im Ernste gehen will. Und der Plan stammt nicht aus den letzten Wochen. Auch seine Familie wünscht es, und er hat sich bereits einen Nachfolger ausgesucht und mit diesem darüber gesprochen. Welche Folgen ein Rücktritt haben würde, wird mein gnädigster Herr selbst ermessen. Die einzige Hoffnung ihn in den Geschäften zu erhalten, ist wohl die, daß der Kaiser gegen ihn dasselbe Mittel anwendet, was Bismarck seiner Zeit gegen Roon angewandt hat, als er diesen einmal auf kurze Zeit in den Geschäften erhalten wollte: den Appell an das Gemüt, daß er den älteren Kaiser nicht verlassen dürfe.

*

Christoph von Tiedemann an seine Frau

Varzin, 26. Oktober 1877

Wir stehen hier unter dem Eindruck eines an sich unbedeutenden, aber in seinen Wirkungen tieftragischen Ereignisses. Es sind wunderbare Tage, die ich hier verlebt habe. Der Fürst befand sich in einer Stimmung, wie ich sie an ihm noch nicht kennen gelernt habe. Er fühlte sich augenscheinlich ungewöhnlich wohl und behaglich alleine mit Herbert, Holstein und mir, ließ sich vollständig gehen, war von morgens bis abends aufgeräumt und für jeden Scherz zugänglich. Es wurde viel gearbeitet, täglich saßen wir aber mehrere Stunden zu Pferde, und nach dem Mittagessen entwickelten sich die interessantesten und gemütlichsten Plaudereien. Gestern machten wir den gewöhnlichen, mehrstündigen Ritt und trabten bei wundervollem Herbstwetter in den Waldungen umher; um sechs Uhr wurden die Damen zurückerwartet, und wir waren in lustigster übermütiger Stimmung. Merkwürdigerweise waren aber Holstein und ich von denselben trüben Ahnungen erfüllt, als ob etwas Unerwartetes bevorstände und die schönen Tage von Varzin zu Ende seien. Als wir einmal etwas zurückgeblieben waren, sprachen wir beide denselben Gedanken aus. Wir kehrten nach Hause zurück, die Damen erschienen, bei Tisch herrschte die beste Stimmung. Beim Kaffee wurde plötzlich entdeckt, daß Sultan, die große Ulmer Dogge, die noch bei Tisch von jedermann verzogen worden war, verschwunden sei. Da Sultan in einem benachbarten Dorf ein Liebesverhältnis unterhielt, so nahm der Fürst an, er sei wieder einmal dorthin gelaufen. Er war ärgerlich und erklärte, er werde den Hund einmal tüchtig durchprügeln. Herbert, Holstein und ich gingen auf unser Zimmer, um noch bis zum Postschluß zu arbeiten, als es gegen 11 unten lebendig wurde; dann hieß es, Sultan, der vor kurzem nach Hause gekommen sei, liege in den letzten Zügen. Unten bot sich uns ein wirklich erschütternder Anblick. Auf dem Fußboden saß der Fürst, den Kopf des sterbenden Hundes in seinem Schoß haltend. Er flüsterte ihm liebkosende Worte zu und suchte seine Tränen vor uns zu verbergen. Bald darauf starb der Hund, der Fürst erhob sich und ging auf sein Zimmer, kam an diesem Abend auch nur auf kurze Zeit wieder, um Gutenacht zu sagen. Holstein, der vor dem Schlafengehen noch bei mir war, faßte die Situation richtig in die Worte zusammen: „Der Fürst hat einen Freund verloren und fühlt sich vereinsamt".

Heute morgen war es, als ob wir uns in einem Trauerhause befänden. Es wurde nur mit verhaltener Stimme gesprochen. Der Fürst hatte nicht geschlafen; ihn quälte unaufhörlich der Gedanke, daß er den Hund kurz vor seinem Tode noch gezüchtigt hatte. Obgleich die heute morgen vorgenommene Obduktion ergeben hatte, daß Sultan an einem Herzschlag gestorben sei, machte er sich immer wieder selbstquälerische Vorwürfe. Nach dem

Frühstück stiegen wir zu Pferde, der Fürst war einsilbig, er suchte die Wege auf, wo sein lieber alter Hund ihn zuletzt begleitet. So trabten wir lange im strömenden Regen vorwärts. Als ich einmal neben ihn ritt, sagte er, es sei sündlich, so wie er getan, sein Herz an ein Tier zu hängen, er habe aber nichts Lieberes auf der Welt gehabt und er müsse mit Heinrich V. im Shakespeare sagen: ich hätte einen Bessren besser missen können. Und dann setzte er zu einem langen Galopp an, daß Reiter und Pferde dampfend vor dem Schloß anlangten. — Ich schreibe Dir dies so ausführlich, weil ich glaube, daß es einen tiefen Einblick in den wunderbaren Charakter des Fürsten gewährt, in dieses Gemisch von harter, eiserner Energie und kindlicher Weichheit. Wer diesen gewaltigen Mann so ganz aufgelöst im Schmerz um den Tod eines Hundes gesehen, mag ihn vielleicht schulmeisterlich tadeln, aber er müßte kein Herz im Leibe haben, wenn er nicht tief ergriffen worden wäre.

*

Heinrich von Treitschke an Gustav Freytag

Berlin 29./11. 77

Die ungesunde politische Lage hier wird sich wohl im Verlaufe des Winters klären. Bismarck kann selbständige Naturen nicht neben sich ertragen, und ich rate keinem Freunde, seinen Kopf in diese Schlinge zu stecken. Aber das Cabinet ist einmal das Ministerium Bismarck und soll es bleiben; darum muß ich wünschen, daß er alle, die nicht mit ihm gehen wollen, beseitigt und wieder Einheit herstellt.

*

Aufzeichnung Rudolf Lindaus aus dem Jahre 1878

Er ist ein kraftvoller Mann. Das fällt jedem sogleich

auf, der ihn zum erstenmal sieht. Er ist sehr groß und von enormer Schwere, aber nicht unbehilflich. Jeder Teil seiner gigantischen Gestalt ist wohlproportioniert — der große runde Kopf, der massive Nacken, die breiten Schultern und die kräftigen Gliedmaßen. Er ist jetzt über dreiundsechzig, und die Lasten, welche er zu tragen hatte, sind ungewöhnlich schwer gewesen; aber obgleich sein Schritt langsam und schwer geworden ist, so trägt er sein Haupt hoch — wobei er sogar auf die, welche so groß wie er selbst sind, herabsieht — und seine Haltung ist noch aufrecht.

Während der letzten Jahre hat er an häufigen und schweren körperlichen Schmerzen gelitten, aber niemand konnte ihn für einen alten oder zu bemitleidenden Mann ansehen. Im Gegenteil, jeder, der ihn sieht, fühlt, daß Fürst Bismarck noch immense physische Kraft besitzt.

Die Photographie hat seine Gesichtszüge allbekannt gemacht. Es ist ein ungewöhnliches Gesicht, welches überall die Aufmerksamkeit auf sich ziehen würde, selbst wenn man nicht wüßte, daß es einem Manne angehörte, dessen Taten unsere moderne Welt geändert haben. Es ist ein unvergeßliches Gesicht — durchaus nicht ein schönes, aber noch weniger ein häßliches Gesicht. Es war auffallend heiter, voller Humor, sogar voller lustiger Possen in längstvergangenen Tagen. Es ist jetzt ernst geworden, fast feierlich, mit einem Ausdruck unbeugsamer Energie und Furchtlosigkeit.

Die kahle runde Stirn — ein Gegenstand der Bewunderung für den Phrenologen — ist von ganz ungewöhnlichen Dimensionen; die großen hervorstehenden blauen Augen sehen aus, als ob sie ohne Blinzeln in die Sonne blicken könnten. Sie sind nicht leicht beweglich, sie wandern langsam von einem Gegenstand zum andern; wenn sie aber auf einem menschlichen Antlitz ruhen bleiben, werden sie so intensiv forschend, daß viele, wenn sie diesem durchdringenden Blick unterworfen sind, sich unbehaglich fühlen; und alle, selbst Bismarck Gleich- und Höherstehende, werden gewahr, daß sie einem Mann gegenüberstehen, mit dem nur ein ehrlich Spiel zu empfehlen ist, da er wahrscheinlich die schlausten Kniffe entdecken werde. Seine dicken, wohlgeformten Augenbrauen sind besonders lang und buschig; sie tragen nicht wenig zu dem ernsten und zeitweilig etwas grimmigen Ausdruck seines Gesichtes bei. Von der Nase ist nichts Besonderes zu sagen, als daß sie nicht so lang ist, wie bei dem Gesicht erwartet werden könnte; das Kinn ist groß und massiv.

Fürst Bismarck hat einmal von sich gesagt, daß er der „bestgehaßte Mann in Europa" wäre. Er hat in der Tat viele wütende Feinde in verschiedenen Teilen der Welt: mit seinem Vaterlande zu beginnen, unter den Partikularisten, den Ultramontanen und Sozialisten, und dann weiter in Rom, in Österreich, in Frankreich. Man hat nicht oft gehört, daß er sich darüber beklagt; indes kann ein heller Verstand nicht von einer solchen Tatsache Kenntnis besitzen, ohne darüber Trauer zu empfinden. Fürst Bismarck ist durchaus kein leichtherziger Mann. Kummer und Sorge haben sich bei ihm aufgehalten. Sie werfen einen Schatten auf seine Stirn und machen sich fühlbar im Klange seiner Stimme, in der häufigen Bitterkeit seiner stockenden Rede. Er ist nicht mehr jung; er anerkennt völlig die Tatsache, daß der beste Teil seines Lebens dahin ist, daß seine größten Kämpfe ausgefochten sind, und im Innern seines Herzens mag er das Gefühl haben, daß, während er für die Größe seines Landes vieles vollbracht, er nur wenig für sein eigenes Glück getan habe. Bisweilen, wenn er unter seinen persönlichen und vertrauten Freunden sitzt — er hat deren neben seiner Familie fünf oder sechs —, von allem Zwange befreit, seine lange Pfeife raucht, den Kopf seines geliebten Hundes streichelt und der in gedämpften Tone um ihn herum geführten Unterhaltung gleichgiltig zuhört, da läuft über sein kaltes Gesicht etwas wie ein leiser durchsichtiger Schleier, hinter welchem seine harten Züge weich werden und einen nicht vorhergesehenen Ausdruck gedankenvoller Schwermut annehmen.

*

Otto Gildemeister an seine Frau

Berlin, den 19. Februar 1878

Im Reichstag war gestern große Séance. Auf der Leipziger Straße stand ein förmlicher Mob, um den Kanzler aussteigen zu sehen. Die Tribünen bis auf den letzten Platz gefüllt. Bismarck hielt eine sehr feine und interessante Rede, zum Teil sitzend, weil er „nicht so gesund sei, wie es vielleicht scheine", — er sieht nämlich ganz gut aus — und der Reichstag war sehr vergnügt, daß der Fürst so viel an ihn wende. Beifallsmurmeln folgte manchem Satze. Man glaubte damit die Sache beendigt. Aber das Beste sollte noch kommen. Windthorst bestieg (in einer üblen Stunde für ihn) die Tribüne, um durch allerlei perfide Insinuationen in seiner Weise den Sukzeß des Kanzlers zu schmälern, unter anderm, um zu verstehen zu geben, Deutschland habe Rußland geholfen, um Österreich zu düpieren. Er bereitete dadurch wider Willen dem Fürsten einen Triumph. Bismarck erhob sich sofort nach dem kleinen Mepper und zerpflückte und zermalmte ihn in einer glänzenden, von Indignation inspirierten und von feinem Sarkasmus gelenkten Improvisation. War es vorher Beifallsmurmeln gewesen, so war es jetzt Beifallsjubel; namentlich als Bismarck sein persönliches Verhältnis zum österreichischen Minister Grafen Andrassy schilderte, als ein Verhältnis zweier Gentlemen, von denen jeder glaubte und glauben dürfe, was der andere ihm sage, brach rauschender Applaus rechts und links aus. Das Zentrum, stumm und verlegen lächelnd zwischen den Applaudierenden. Hernach war die Sitzung natürlich fade.

*

Aufzeichnung des Grafen Charles de Moüy über den Berliner Kongreß 1878

... Ich werde später zu diesem Gedanken zurückkehren, aber da ich hier nur meine Feder laufen lasse, um etliche Erinnerungen an alte — oder junge — Zeiten niederzuschreiben, so wolle man mir freundlichst gestatten, vorerst die Bühne jenes diplomatischen Dramas zu schildern. Der Präsident saß in der Mitte in einem Lehnstuhl, der sich übrigens durch nichts vor denen seiner Kollegen auszeichnete, die Vertreter Österreich-Ungarns zu seiner Rechten, die Frankreichs zu seiner Linken, auf den Seiten die Vertreter Englands, Rußlands, Italiens und der Türkei. An den beiden Enden des Hufeisens wir Sekretäre und die Herren vom deutschen Auswärtigen Amte, die man uns beigegeben hatte. Diese Ordnung war vom Fürsten Bismarck selbst festgesetzt. Am Tage vor der Eröffnung des Kongresses war er mit v. Radowitz und mir durch die Sitzungsräume gegangen, um alle inneren Einzelheiten zu bestimmen: die Verteilung der Salons, die für die Vertretungen für Privatbesprechungen, für das Sekretariat reserviert waren. Sogar die Einrichtung des Buffets hatte er inspiziert. — Er hatte bestimmt, daß nach der feierlichen Eröffnung den Bevollmächtigten drei Tage frei bleiben sollten, um sich kennen zu lernen, um ihre persönlichen Beziehungen zu regeln und sich über das Programm der Beratungen zu verständigen, daß aber dann die Sitzungen sich täglich — Sonntage ausgenommen — ohne Unterbrechung folgen sollten. Die Protokolle, ordnete er an, mußten nachts fertiggestellt, am Morgen gedruckt und jedem Bevollmächtigten ein Exemplar vor der Sitzung überreicht werden. Alle diese Instruktionen wurden pünktlich ausgeführt und blieben unveränderlich, obgleich die auf das Protokoll bezüglichen ziemlich streng waren. Aber ich habe nicht vergessen, daß der Fürst eines Tages, da ich ihm beiläufig von unser aller Ermüdung sprach, zu lachen begann und mir in übrigens liebenswürdigstem Tone sagte: „Beruhigen Sie sich, glauben Sie mir: an der Arbeit ist noch niemand gestorben". Es ist eine Tatsache, daß weder die Bevollmächtigten noch die Sekretäre unter der systematischen, das Arbeiten fördernden Ordnung des Kongresses gelitten haben.

Herr von Radowitz und ich verließen kaum das Auswärtige Amt. Wir kollationierten nach der Sitzung unsere Noten, und um 6 Uhr lud Fürst Bismarck, der die Sekretäre des Kongresses immer zur Hand zu haben wünschte, uns fast täglich ein, am Familientisch zu speisen. Mit einer Höflichkeit, die ich hoch geschätzt habe, wurde bei Tafel nur französisch gesprochen, und ich habe niemals ein Wort oder eine Anspielung gehört, die nicht vollendet taktvoll und sogar liebenswürdig war. Er leitete die Unterhaltung, sprach viel und lebhaft über allgemeine Gegenstände jeder Art, Geschichte, Philosophie, zuweilen auch über die Angelegenheiten, die dem Kongreß vorlagen, stets mit einer seltenen Richtigkeit des Ausdrucks, die von witzigen Worten belebt wurde. Dann ging er ins Rauchzimmer, wo er seine lange Studentenpfeife anzündete. Um 8 Uhr zog er sich in sein Arbeitskabinett zurück und verließ es erst um Mitternacht. Niemals wohnte er einem der Diners oder einer der unzähligen Soireen bei, die bei seinen Kollegen stattfanden.

.... Ich erinnere mich sehr genau dieser Schlußsitzung. Die Bevollmächtigten waren allerdings nicht so bühnenmäßig gruppiert, wie der Künstler sie dargestellt hat. Anton von Werner hat sich offenbar an die durch politische Ideen inspirierten Anweisungen des Fürsten Bismarck gehalten. Die Staatsmänner posierten nicht —

wie sie es auf der Leinwand ein wenig schwerfällig tun — zur Belehrung des Beschauers. Aber es ist wahr, daß mit einigen Nuancen die Physiognomien und Haltungen im ganzen das Bewußtsein ausdrückten, man vollbringe da einen Akt, der zweifellos diesem oder jenem angenehmer sein mochte als einem anderen, der aber nützlich, sogar notwendig war und dessen moralische Folgen die friedlichen Beziehungen der Völker fördern sollten. Dieses Bild hat übrigens einen anderen Vorzug: die unbestreitbare Ähnlichkeit der Gestalten in Gesicht und Haltung mit den Originalen.

Um nur von jenen zu sprechen, die im Vordergrund stehen und in der Tat die bedeutendsten Akteurs waren, so scheint es mir immer, wenn ich die große, in meinem Arbeitszimmer hängende photographische Reproduktion betrachte, welche die Deutsche Regierung allen Mitgliedern des Kongresses übersandt hat, daß ich diese Schatten wieder aufleben sehe. Vor allem die Riesengestalt des Reichskanzlers, deren charakteristische Züge zu bekannt sind, um sie noch einmal zu beschreiben, an der aber der Künstler, ohne die natürliche Härte der Linien zu ändern, wunderbar den ganz besonderen Ausdruck wiedergegeben hat, den der Fürst sich während des Kongresses auferlegt hatte, um sich seiner Rolle als Präsident einer im wesentlichen friedliebenden Versammlung anzupassen. Der gebietende Mund lächelt. Die barsche militärische Gebärde ist kordial geworden. Eine ermutigende Güte liegt über dem sonst so strengen Antlitz. Diese gewollte, im Laufe der Verhandlungen so fühlbare Umwandlung ist von Werner sehr gut begriffen worden. Ohne der Gestalt des gewaltigen Staatsmannes etwas von ihrer herrschenden Größe zu nehmen, hat er doch den liebenswürdigen und versöhnlichen, oft sogar freundschaftlichen Ausdruck erfaßt, den Bismarck im Verkehr mit seinen Kollegen seinem Antlitz gab.

*

König Ludwig II. von Bayern an Bismarck

Schloß Berg, den 17. Mai 1880

Mein lieber Fürst von Bismarck!

Ich habe mit großem Interesse von der Vorlage, welche dem preußischen Landtage bezüglich der Kirchengesetze zugehen soll, Kenntnis genommen und danke Ihnen auf das Wärmste für die Übersendung derselben, welche Sie mit einer so lichtvollen Darlegung der Verhältnisse begleiteten. Zu meinem aufrichtigsten Schmerze haben Sie, mein lieber Fürst, hieran die Mitteilung einer beabsichtigten Zurückziehung von den Geschäften gereiht. Sie kennen das Maß der aufrichtigen Verehrung und des unbedingten Vertrauens, welches ich für Sie unauslöschlich im Herzen trage, um zu erfassen, wie schwer ich die Verwirklichung Ihres Vorhabens empfinden müßte. Wenn auch die Gestaltung der Umstände im Reichstage nicht immer die erfreulichste ist, so wird doch der Bundesrat Ihnen, mein lieber Fürst, auf der föderativen Grundlage der Reichsverfassung in unveränderter Weise stets freudig zur Seite stehen. Meine Regierung, welche in keinem Augenblicke von jener Grundlage weicht, war immer von dem sie stützenden Bewußtsein durchdrungen, daß sie sich hierbei einig mit dem Manne weiß, dessen erhabenem staatsmännischem Blicke und Wirken Deutschland seine neu erstandene Größe auf einem Wege dankt, welcher die notwendige Selbständigkeit und Stärke der Einzelstaaten nicht aufgehoben oder gelähmt, sondern in bundesstaatlicher Vereinigung erhöht hat. Die Forterhaltung gleicher Grundsätze sichert dem gemeinsamen Vaterlande Zeiten des Friedens und der Macht. Je sehnlicher ich dies wünsche und je mehr ich entschlossen bin, hierfür meinerseits immerdar einzutreten, um so weniger kann ich mich von der Hoffnung trennen, daß ich und mit mir ganz Deutschland noch lange Jahre die

Geschäfte unter Ihrer niemals zu ersetzenden Führung finden werden.

Empfangen Sie, mein lieber Fürst, die erneute Versicherung besonderer Wertschätzung, mit der ich bin

Ihr

aufrichtiger Freund
Ludwig

*

Theodor Fontane an Philipp Graf zu Eulenburg.

Berlin, den 12. März 1881
Potsdamer Straße 134 c

Ein Engländer, der in Bezug auf die Erdenstehungstheorie gefragt wurde, „ob er es mit Sir Roderick Murchison oder mit Moses halte", antwortete: „Wenn ich die Wahl habe zwischen Sir Roderick Murchison und Moses, bin ich immer für Moses." In entsprechender Alternative wird der Kaiser immer für Bismarck sein. Dies muß jeder wissen. Der Kaiser wäre nicht Kaiser Wilhelm, wenn er anders wäre. Dies ist der Kardinalunterschied zwischen ihm und seinem Bruder Friedrich Wilhelm IV., der keine großen Leute neben sich ertragen und deshalb auch keine Dankbarkeit für die Großtaten anderer in seinem Herzen großziehen konnte. Der Kanzler ist ein Despot; aber er darf es sein, er muß es sein. Wär er es nicht, wär er ein parlamentarisches Ideal, das sich durch das Dümmste, was es gibt, durch Majoritäten, bestimmen ließe, so hätten wir überhaupt noch keinen Kanzler und am wenigsten ein Deutsches Reich. Das ist andererseits freilich richtig, daß neben einem solchen Despoten nur unselbständige Naturen oder Kräfte zweiten und dritten Ranges dienen können, und daß jeder freie Mann wohltut, bei Zeiten seinen Rückzug anzutreten. Der freie Mann tut dabei, was ihm ziemt; aber der Kanzler tut auch, was ihm ziemt,

schichte Deutschlands und Europas gezeigt. Es sind zweifellos Männer von großer Fähigkeit unter Bismarcks politischen Gegnern zu finden; aber nicht allein als Politiker, sondern auch einfach als Mensch kann keiner von ihnen ihm das Gegengewicht halten. In allen zivilisierten Ländern wird man viele andere Gelehrte, Schriftsteller, Redner, Künstler und ausgezeichnete Männer aller Art finden, mit welchen jene wohl verglichen werden können — einen zweiten Bismarck wird man nicht finden. Er ist ein ganz außerordentlicher Mann, und man muß bis zu dem heroischen Typus zurückgehen, um andere zu finden, die zu der gleichen großen Spezies von Menschen gehören. Gemeinsam mit allen Gliedern der heroischen Familie — die so spärlich über die Erde verbreitet, in deren Taten aber die Geschichte der Welt beschrieben ist — besitzt er einen unbeugsamen Willen, unerschrockenen Mut und jene besondere Größe der geistigen Fähigkeiten, welche ihm gestattet, die Absichten anderer richtig zu beurteilen, während seine eigenen Pläne ein Geheimnis für jedermann bleiben. Wie der wirklich große Mann aller Zeiten zeigt er außerdem einen wunderbaren Mangel an gewöhnlichem Egoismus, äußerste Nichtberücksichtigung seiner persönlichen Position und nie fehlende Bereitwilligkeit, wieder und wieder alles, was er gewonnen, behufs Förderung der nichtpersönlichen Zwecke seines Lebens aufs Spiel zu setzen.

*

Kaiser Wilhelm I. an Bismarck

Schloß Babelsberg, 1. September 1884

Der heutige Erinnerungstag, welcher Mir aus den bisherigen 22 Jahren unseres Zusammenwirkens eines der hervorragendsten Ereignisse vergegenwärtigt, führt Meine Gedanken auch darauf hin, daß Sie Mir an diesem

Tage und während zweier Kriege nicht nur als hochbewährter Mann des Rates, sondern auch als Soldat zur Seite gestanden, und daß es in Preußen einen Orden „für das Verdienst" gibt, den Sie noch nicht besitzen. Wenn auch die Bedeutung dieses Ordens eine spezifisch militärische sein soll, so hätten Sie ihn doch schon längst haben müssen; denn Sie haben wahrlich in mancher schweren Zeit den höchsten Mut des Soldaten bewiesen, und Sie haben auch in zwei Kriegen an Meiner Seite voll und ganz bestätigt, daß Sie neben jeder anderen auch auf eine hervorragend militärische Auszeichnung den vollsten Anspruch haben. Ich hole also Versäumtes nach, indem Ich Ihnen den beifolgenden Orden pour le mérite verleihe und zwar sogleich mit Eichenlaub, um hierdurch darzutun, daß Sie ihn schon längst hätten haben sollen und daß Sie ihn wiederholt verdient haben. Ich weiß in Ihnen so sehr das Herz und den Sinn eines Soldaten, daß Ich Ihnen mit diesem Orden, den ja viele Ihrer Vorfahren mit Stolz trugen, eine Freude zu machen hoffe, und Mir selbst gewähre ich hierdurch die Beruhigung, daß Ich dem Manne, den Gottes gnädige Führung Mir zur Seite gestellt und der so Großes für das Vaterland getan, auch als Soldat die wohlverdiente Anerkennung zuteil werden lasse. Ich freue Mich in der Tat herzlich und sehr, Sie künftig den Orden pour le mérite tragen zu sehen.

Wilhelm

*

Gustav Freytag an Heinrich Hirzel

Wiesbaden, 25. Dec. 84

Der 4. Band Bismarck (Preußen im Bundestag), für den ich Ihnen herzlich danke, enthält ja wieder sehr Interessantes. Aber die Neugierde des Publikums ist durch die 3 Bände genügend befriedigt, und es ist für

Ihr Geschäft günstig, daß der Kanzler grade wieder durch sein Flaggenhissen in der Fremde und durch die unsäglich dumme Verweigerung der 20000 Mk. im Mittelpunkt des Tagesinteresses steht. Er darf sagen, der Himmel erhalte mir solche Feinde, sie sorgen besser als der Reptilienfond für seine Popularität. Aber es ist in Wahrheit eine Freude, zu erfahren, wie er die Colonialfrage angepackt hat. Von allen seinen diplomatischen Aktionen war dies nicht die größte, aber die anmutigste, und mit einer Meisterschaft behandelt, die aus dem humoristischen Gefühl sicherer Überlegenheit und größter Praxis entspringt.

*

Friedrich Nietzsche an Mutter und Schwester

Nizza, Anf. Jan. 1885

Der Gedanke der „Bismarckreden" kommt in der angenehmsten Weise einem Wunsche entgegen, den ich den ganzen Winter über schon gegen Lanzky ausgesprochen habe. Bismarck nämlich läßt sich im Reichstag gehen und bringt seine inwendigsten Dinge heraus, wie Goethe vor Eckermann. Der erste Fall, daß ein Staatsmann einen Reichstag nötig hat, um über alles und jedes sein Herz auszuschütten. Offenbar kann er vor seiner Frau es nicht tun. Schließlich beneide ich ihn selbst um einen solchen Reichstag.

*

Kaiser Wilhelm I. an Bismarck

Berlin, 1. April 1885

Mein lieber Fürst! Wenn sich in dem Deutschen Lande und Volke das warme Verlangen zeigt, Ihnen bei der Feier Ihres 70. Geburtstages zu bestätigen, daß die Erinnerung an alles, was Sie für die Größe des Vaterlandes getan haben, in so vielen Dankbaren lebt, so ist es mir ein tiefgefühltes Bedürfnis, Ihnen heute auszusprechen, wie hoch es mich freut, daß ein solcher Zug des Dankes und der Verehrung für Sie durch die Nation geht. Es freut mich das für Sie als eine wahrlich im höchsten Maße verdiente Anerkennung, und es erwärmt mir das Herz, daß solche Gesinnungen sich in so großer Verbreitung kund tun; denn es ziert die Nation in der Gegenwart und es stärkt die Hoffnung auf ihre Zukunft, wenn sie Erkenntnis für das Wahre und Große zeigt und wenn sie ihre hochverdienten Männer feiert und ehrt. An einer solchen Feier teilzunehmen, ist mir und meinem Hause eine besondere Freude und wünschen wir Ihnen durch beifolgendes Bild (Kaiserproklamation in Versailles) auszudrücken, mit welchen Empfindungen dankbarer Erinnerung wir dies tun. Denn dasselbe vergegenwärtigt einen der größten Momente der Geschichte des Hohenzollernhauses, dessen niemals gedacht werden kann, ohne sich zugleich auch Ihrer Verdienste zu erinnern.

Sie mein lieber Fürst, wissen, wie in mir jederzeit das vollste Vertrauen, die aufrichtigste Zuneigung und das wärmste Dankgefühl für Sie leben wird! Ihnen sage ich daher mit diesem nichts, was ich Ihnen nicht oft genug ausgesprochen habe, und ich denke, daß dieses Bild noch Ihren späten Nachkommen vor Augen stellen wird, daß Ihr Kaiser und König und sein Haus sich dessen wohl bewußt waren, was wir Ihnen zu danken haben.

Mit diesen Gesinnungen und Gefühlen endige ich diese Zeilen als, über das Grab hinausdauernd,

Ihr dankbarer treu ergebener

Kaiser und König

Wilhelm

*

Paul de Lagarde an Bismarck

Göttingen, 6. April 1886

Eurer Durchlaucht bekannte Geneigtheit, die verschiedensten Ansichten zu prüfen, würde mich nicht berechtigen, die Gesamtausgabe meiner in grundsätzlicher Gegnerschaft gegen das Geltende verfaßten deutschen Schriften selbst vorzulegen: den Mut, meinen Band zu überreichen, gibt mir nur der Umstand, daß die am 26. März gehaltene Rede Eurer Durchlaucht in fundamentalem Einklange wenigstens mit dem gerade zur Zeit jener Rede, und vor dem Bekanntwerden derselben, im Satze fertig gestellten letzten halben Bogen meiner Schlußabhandlung steht .....

Auf jene letzte Rede Eurer Durchlaucht hin wage ich zu glauben, daß Sie geneigt sein werden, über alle Gegensätze hinweg mindestens einige meiner Anschauungen und Bestrebungen anzuerkennen. Jedenfalls dürfte der Schritt, meine durch und durch oppositionelle Schrift Eurer Durchlaucht selbst zu überreichen, eine Hochachtung und einen Glauben an Eurer Durchlaucht Person seitens eines politischen Gegners bekunden, wie sie der unbedingteste Anhänger nicht lebhafter auszudrücken vermöchte.....

Ich diene bei einer andern Waffe als Eure Durchlaucht, aber demselben irdischen und himmlischen Könige wie Sie, und will für dasselbe kämpfen und nötigenfalls sterben wie Sie, für die wahre, das heißt die ewige Ehre des deutschen Vaterlandes. Wir haben von Moltke gelernt, daß man getrennt marschieren muß, um vereint zu siegen. Gestatten mir Eure Durchlaucht das Erste und die Hoffnung auf das andere......

In aufrichtiger Verehrung Eurer Durchlaucht gehorsamer

Professor Paul de Lagarde

*

Alfred Dove an Gustav Freytag.

Bonn, 24. Januar 1887

Dem Kaiser sind Sie mit einfach schönen Worten gerecht geworden, fast mehr, als ich erwartet hatte. Bismarck aber kommt mir doch zu kurz, und es ist das vielleicht als eins der wenigen Mißgeschicke Ihres sonst so wunderbar reichen Geisteslebens anzusehen, daß Sie an der Erscheinung dieses Mannes nicht noch hellere Freude gehabt haben, ja nicht haben konnten. Sie brachten ihm nicht nur, wie alle liberalen Patrioten Ihrer Generation, altes Mißtrauen und Groll entgegen; Sie haben auch nachher durch Ihre hohen Verbindungen zuviel von seinen Schattenseiten und Menschlichkeiten gehört, was ja alles wahr sein mag, aber doch kein Gewicht hat für historische Anschauung. Und dazu kommt nun Ihre poetisch, besonders in psychologischer Richtung, schöpferische Phantasie, so daß im ganzen ein Bild des Helden in Ihnen entstanden sein wird, wie es die Memoirenliteratur von vergangenen Größen bietet. Oder irr ich mich da und phantasiere selbst? Es sollte mir lieb sein. Vielleicht war es auch vornehmlich Ihre stolze Scheu, dem Gewaltigen zu huldigen, ehe Sie sich „bejahrt und unabhängig" genug fühlten. Dann aber hätten Sie jetzt dreister mit dankbarer Bewunderung heraustreten können. Für mich kommt zu allem, was er getan und vollbracht hat, noch das eine unbeschreibliche Gefühl der lebendigen Gegenwart eines schöpferischen Genius hinzu, was ich ja auch dem Dichter oder anderen schaffenden Geistern gegenüber empfinde, nur daß es in diesem großen Stoff der Völkergeschichte sich doch noch ganz anders ausnimmt eine Kraft von Gottes Gnaden herumarbeiten zu sehen. Wenn man auch tausendmal vorher weiß, was er sagen und tun wird, weil er nicht anders kann, so ist doch das Wie allemal von neuem überwältigend. Wessen Rede mag man sonst noch lesen, es sei denn, weil sie als Substrat der seinigen von Interesse ist? Bei aller furchtbar einseitigen, zermalmend eisernen Natur seines Wesens ist mir es doch immer ein befreiender und erhebender Zug, an ihn zu denken. Man spürt ein Rauschen überm Haupt und ein Wehen an der Wange hin, so oft seine Gestalt den Gedanken vorübergeht; kurzum eben das Dasein des Genius in seiner mächtigsten Entfaltung. Das ist es ja auch, was selbst den Ausländern, ja den Feinden ins Gemüt schlägt, die ihm sonst statt des Dankes Zorn schulden; wir aber haben dabei ein zwiefaches Hochgefühl. Mir graut, daran zu denken, wie das später sein soll. Glauben Sie nicht, daß ich mich in alledem wesentlich gewandelt und bekehrt hätte; es ist nur eine in sich fester gewordene Erkenntnis, wie es ja im Grunde allen, wenigstens in meiner Altersschicht, gegangen ist.

*

Ferdinand Gregorovius an Hermann von Thile

München, 19. Februar 1888

Sehr erhob mich die große Rede Bismarcks — was auch die Mitwelt und Nachwelt von ihm urteilen mag: dies scheint mir doch festzustehen, daß er eine heldenhafte Natur ist, der staatsmännische Luther unserer politischen Reformation. Nachdem ich die Rede gelesen hatte, war mir zu Mute, als wäre ein Alp von uns genommen, und als müsse alles wieder freier aufatmen.

*

Theodor Fontane an seine Tochter Martha

Berlin, d. 10. März 1888

Gestern abend las uns Mama die Bismarckrede aus der Vossin vor, die sie fünf Stunden vorher im Reichstag gehört hatte. Ich zähle diese Rede zu dem Schönsten, Klügsten, Bedeutungsvollsten, was er je gesprochen hat. Denn während er anscheinend eine Trauerrede hält, in der er seinen Gefühlen einfach Ausdruck gibt, ist es in Wahrheit eine eminent politische Rede, durch Hervorhebung dessen, was dem Kaiser in seinen letzten Lebenstagen ein Trost und eine Freude gewesen sei: das Hinschwinden des partikularistischen Gefühls, die Freude am Reich und das Schweigen der Parteiungen in der großen Wehrfrage des Landes. Beides: avis au lecteur. Die Sonderbündler und die Fortschrittler sollen dadurch kaptiviert werden. Ob es hilft, ist eine andere Frage.

*

Detlev, Freiherr von Liliencron
an Hermann Friedrichs

Kellinghusen, Holstein, den 9. Juni 1888

... Und wie ich über Bismarck denke? Nun:
Er ist (wenn wir Goethe ins vorige Jahrhundert uns denken) das einzige Genie unseres Jahrhunderts. Er, sein Genie, hat die tausendjährige deutsche Nachtmütze — auch namentlich 48! — einmal den verdammten Philistern von den Läuseperücken gefegt! Wie? Was? He? Und da kommt sofort unsere infame deutsche Nörgelei, unser scheußlicher ewiger Neid: Herunter, weil er ein Genius ist! Oh, wie ich sie hasse, die Eugen Richter pp. in ihrer kleinlichen Erbärmlichkeit! Ich stehe hoch, hoch über allem Parteigetriebe. Es ist mir widerlich. Widerlich: die Kriecherei! Widerlich: die Herabsetzung! — Aber: Rücksichtslos, mit höchster Begeisterung staune ich den Koloß Bismarck an. Schon deshalb, weil er einmal den Kürassierfuß auf den verdammten deutschen Gift- und Drachennacken gesetzt hat.

Ja! Weil er ein Genie ist, da können die Menschen es nicht ertragen, sie müssen kleinlich über ihn denken! Nein, hurra, du Genius, hurra, du Eisenmann! Hier bin ich!

Hier bin ich bei Dir, und wenn sie dich alle verlassen sollten! —

Natürlich — B. ist ein Mensch wie wir alle —, wo viel Licht, ist viel Schatten, zum Beispiel die unglaublich lächerliche Manie: jeden Ladenschwengel beim nächsten Amtsgericht zu verklagen, wenn er ihn in Posemuckel beleidigt hat.

Ja! so denke ich über den Riesen!

*

Rudolf von Ihering an Bismarck

Karlsbad, den 15. September 1888

Durchlauchtigster Fürst!

Ew. Durchlaucht haben mir aus Anlaß meiner siebzigjährigen Geburtstagsfeier einen Beweis Ihrer geneigten Gesinnung zuteil werden lassen, dessen ich mich in meinen kühnsten Erwartungen nicht versehen hatte, und der auch meine Mitbürger in Göttingen in einer Weise überrascht hat, daß sie der Nachricht davon anfänglich den Glauben versagten, und daß es erst der Vorweisung des Dokumentes an den Redakteur unserer Zeitung bedurft hat, um sie eines Besseren zu belehren.

Als ich die Ehre hatte, Ew. Durchlaucht als Dekan der juristischen Fakultät das Doktordiplom zu überreichen, zu dessen Urheber und Träger eine der glücklichsten Fügungen meines Lebens mich bestimmt hatte, geschah es mit dem Gefühl, vor unendlich vielen begnadet zu sein; ein unerfüllter Wunsch, mit dem ich mich seit Jahren getragen hatte, Ew. Durchlaucht zu sehen und sprechen zu hören, war in einer Weise verwirklicht worden, wie ich es bis dahin nie für möglich gehalten hatte. Die Stunden, welche ich das Glück hatte, an der gastlichen Tafel Ew. Durchlaucht zu verbringen, bilden einen Glanzpunkt meines Lebens, und ich habe durch nur für die Meinigen bestimmte Aufzeichnungen dafür gesorgt, daß die Erinnerung daran in meiner Familie nie untergehen wird. Zu diesem Schriftstück ist nunmehr das mit Ew. Durchlaucht eigenhändiger Unterschrift versehene Glückwunschschreiben als unschätzbares Dokument hinzukommen.

Ew. Durchlaucht haben mich darin mit dem Ihnen eigenen Humor wie einst bei dem persönlichen Abschiede als „Herr Kollege" angeredet und damit selber verschuldet, wenn ich die Gelegenheit, die sich mir geboten hat und nie wiederum bieten wird, benütze, mich über die Bedeutung, welche Ew. Durchlaucht für meinen ganzen Menschen gewonnen haben, in einer Weise auszusprechen, wie ich es sonst nie gewagt haben würde.

In meiner Natur liegt der Drang, mich an der menschlichen Größe aufzurichten; ich kenne nichts Höheres, als mich an den großen Erscheinungen der Geschichte zu erheben und mich bewundernd vor ihnen zu beugen. Bis in die Mitte des Lebens hinein habe ich mich mit diesem Bedürfnis in die Vergangenheit flüchten müssen; meine Bewunderung und Verehrung gehörte den Toten. Da hat es die Vorsehung gefügt, daß zwei Männer erschienen sind, an denen mein Herzenswunsch sich erfüllen sollte: Kaiser Wilhelm I. und Ew. Durchlaucht.

Als Student in Göttingen habe ich den Umsturz des Staatsgrundgesetzes und die Vertreibung der sieben Professoren durch König Ernst August miterlebt, im Mannesalter als geborener Hannoveraner den König Georg V., als Professor in Gießen die Mißwirtschaft in dem benachbarten Kurhessen. Kein Wunder, daß ich, der ich die Monarchie von dieser Seite hatte kennen lernen, ihr nicht ergeben war, und nie hätte ich damals geglaubt, daß ich noch einmal die tiefste und innigste Liebe für ein gekröntes Haupt empfinden und der begeistertste Anhänger der Monarchie werden würde.

Diesen Umschwung in meiner ganzen Anschauungsweise und Gesinnung — den gewaltigsten meines Lebens — verdanke ich Kaiser Wilhelm. Seine historische Bedeutung ragt in meinen Augen über das, was er Deutschland geworden ist, weit hinaus; er hat in einer Zeit, wo sich der Sinn der Völker mehr und mehr der Monarchie abwandte, diese wieder zu Ehren gebracht und ihr einen neuen moralischen Halt und eine Kräftigung gewährt, welche nicht bloß die Träger von Kronen, sondern auch die Völker weit über Deutschlands Grenzen hinaus zu seinen Schuldnern macht.

In Bezug auf Ew. Durchlaucht würde ich glauben, mich einer Trivialität schuldig zu machen, wenn ich den Gefühlen der tiefsten Verehrung und höchsten Bewunderung, die mich für Ew. Durchlaucht beseelen, Ausdruck geben wollte; aber dem Gefühl der innigsten Dankbarkeit glaube ich ihn verleihen zu dürfen; ich muß dem Manne, dem ich ein Vaterland verdanke, sagen, daß von allem, was mir in meinem Leben zuteil geworden ist, dies Gut so unvergleichlich das höchste gewesen ist, daß, auch wenn das Leben ebenso reich an Leiden, Kummer, Enttäuschungen gewesen wäre, wie es reich gewesen ist an Freude, Glück, Erfolgen, doch der Tag, wo ich das Deutsche Reich erlebt habe, alles, was mich persönlich betroffen, ausgeglichen haben würde.

Verstatten Ew. Durchlaucht mir jetzt, auch dem Ausdruck zu geben, was Sie mir geworden sind. An Ihnen habe ich gelernt, wie man, ohne ein Gefühl der Beschämung zu empfinden, neidlos und mit innigem Dank gegen Gott die geistige Überlegenheit, die volle Größe einer gewaltigen gottbegnadeten Persönlichkeit empfinden und anerkennen kann. Unserer heutigen Zeit ist eine solche Gesinnung leider wenig zu eigen, und Ew. Durchlaucht haben dies in einer Weise erfahren, die mich oft aufs höchste erbittert hat. Mir wird es nicht an der Gelegenheit fehlen, von den Gesinnungen, die ich hier ausgesprochen habe, im Zusammenhang meiner wissenschaftlichen Untersuchungen öffentlich Zeugnis abzulegen. Gegenüber der öden Verherrlichung von Prinzipien und toten Formeln hoffe ich den Segen einer gewaltigen Persönlichkeit, der meines Erachtens für Mit- und Nachwelt mehr lebendige Kraft entströmt, als allen moralischen und politischen Destillationsprodukten, in das richtige Licht setzen zu können.

Aber nicht bloß der Mensch, auch der Jurist ist sich des hohen Einflusses bewußt geworden, den Ew. Durchlaucht auf ihn ausgeübt haben. In dem Kampfe, den er seit Jahren gegen die zur Zeit noch herrschende unfruchtbare Richtung innerhalb der Jurisprudenz führt, welche über dem Blendwerk logischer Konsequenz und abstrakter Prinzipien des Blickes für die realen Dinge verlustig gegangen ist, hat ihn stets der Gedanke beseelt und gestählt, daß er innerhalb seiner beschränkten Sphäre nur den Anregungen gefolgt ist, die der große Meister der Realpolitik ihm gegeben hat. Er lebt der Überzeugung, daß sich das Vorbild Ew. Durchlaucht, auch bei der jüngeren Generation, fruchtbar erweisen und daß in der Rechtswissenschaft ein Umschwung eintreten wird, den man dermaleinst als den Übergang von der formalistischen zur realistischen Methode bezeichnen wird.

Sollte ich Ew. Durchlaucht durch meine Ausführungen ermüdet haben, so mag mir zur Entschuldigung gereichen, daß ich einem Stande angehöre, der einmal das Vorrecht dazu hat und Sie auf dem Katheder wie auf der Tribüne schon daran gewöhnt haben dürfte. Ich meinerseits will aber nicht versäumen, etwas zu tun, was meine Kollegen nicht zu tun pflegen: Ew. Durchlaucht wegen meines Vortrags um Nachsicht bitten.

Indem ich Ew. Durchlaucht nochmals meinen wärmsten, durch meine hiesige Kur leider verspäteten Dank für das mir gewährte unschätzbare Zeichen Ihrer geneigten Gesinnung ausspreche, verharre ich mit tiefster Ehrerbietung

Ew Durchlaucht
gehorsamster R. v. Jhering

*

Anton, Graf Wolkenstein—Trostburg an den Grafen Kalnoky

St. Petersburg, 9. Juni/28. Mai 1889

Eine der bemerkenswertesten und interessantesten Erscheinungen, die zur Zeit dem Beobachter entgegentreten, ist die große und weitgehende Vorsicht des Reichskanzlers in seinem Auftreten gegenüber dem Kaiser. Schon im Monat Dezember des letztverflossenen Jahres konnte ich wahrnehmen, wie sehr Fürst Bismarck es sich zur Aufgabe gemacht hatte, in seinen Beziehungen zu seinem Monarchen eine große Reserve eintreten zu lassen und alles zu vermeiden, was geeignet wäre, dem Kaiser den Druck seiner durch natürliche Veranlagung, durch ein selten dagewesenes Glück und durch welthistorische Ereignisse übermächtig gewordenen Individualität fühlbar zu machen. Im Hause Bismarck wurde damals die Parole ausgegeben: Es handle sich hauptsächlich darum, daß der junge Kaiser auf eigenen Füßen zu stehen und die Führung seines Regentenlebens selbständig und unbeeinflußt zu bewirken lerne. — Diese Formel, die vielleicht in einer etwas demonstrativen Weise zum Ausdruck kam, war mindestens zur Hälfte nichts anderes als die euphemistische Umschreibung jener anderen, die da lautet: „Der neue Kaiser ist eine so starke und selbstbewußte Individualität, daß er niemandes — am allerwenigsten des Reichskanzlers — Druck ununterbrochen zu ertragen vermöchte." — Trat diese Zurückhaltung des mächtigen deutschen Staatsmannes schon am Schlusse des vergangenen Jahres deutlich in die Erscheinung, so lehrt die Geschichte der seither eingetretenen politischen Entwicklung mit Bestimmtheit, daß der Reichskanzler die Beschränkung seines Wollens und Handelns als notwendiges Element eines ersprießlichen Zusammenwirkens mit seinem kaiserlichen Herrn nicht nur sorgfältig aufrecht erhält, sondern auch vermehrt und verstärkt. In dieser weisen Selbstbeschränkung liegt für mich ein neuer Beweis für die große politische Weisheit des Reichskanzlers. Würde er sich eine derartige weitgehende Reserve nicht auferlegen, so könnte nur zu leicht, wenn vielleicht auch nicht ein voller Bruch seiner Beziehungen zum Deutschen Kaiser, so doch eine entschiedene Trübung des Verhältnisses zwischen Kaiser und Reichskanzler eintreten. Diese Störung könnte schließlich so weit reichen, daß eine schwere Gefährdung der Staatsinteressen keineswegs ausgeschlossen erschiene. Der Reichskanzler scheint sich — wie schon oben bemerkt wurde — seinen Einfluß und, wenn nötig, sein Recht des Einspruchs in den Hauptfragen dadurch zu wahren, daß er einesteils Fragen geringeren Belanges passiv gegenübersteht, andererseits aber dadurch, und dies wohl in erster Linie, daß er es sorgfältig vermeidet, einen dauernden Druck — der nicht so sehr die Natur einzelner Handlungen, sondern eher jene eines Zustandes an sich trüge und welcher nur zu leicht von Seite des Kaisers als ein Versuch der Bevormundung aufgefaßt werden könnte — auf den Herrscher auszuüben . . .

Was im allgemeinen die Amtstätigkeit des Reichskanzlers und seine Haltung als erster Staatsdiener im Deutschen Reiche betrifft, so habe ich über diesen Punkt nur so viel gehört, daß der Fürst, im Gegensatz zu vergangenen Tagen, jetzt in seinem Auftreten und Handeln sehr milde und ruhig sei und in seinem ganzen Wesen eine Abgeklärtheit, ein Gleichgewicht an den Tag lege, welches nur diejenigen erlangen, die sich aus dem Widerstreite der Dinge und Verhältnisse herauszuheben und sich über dieselben zu stellen vermochten ......

*

Kaiserin Friedrich
an die Königin Victoria von England

20. Februar 1890

Gestern besuchten mich Fürst Bismarck und seine Frau. Er sprach lange über Wilhelms neuesten Coup. Er erwähnte auch, daß er bald zurücktreten wolle, da er mit so plötzlichen Neuerungen, die in einer solchen Eile und auf den Rat von, nach seiner Ansicht, unkompetenten Leuten ausgeführt würden, nicht Schritt halten könne. Ich glaube sagen zu können, daß er in dieser Hinsicht meint, was er sagt, nehme aber nicht an, daß sein Rücktritt genehmigt werden würde. Ich glaube, daß er vollkommen de bonne foi mit Wilhelm war und versuchte, so gut er konnte, ihn von einem Experiment zurückzuhalten, das er nicht nur für ein großes Risiko hält, sondern von dem er sich auch keinen Erfolg versprechen kann. Da er erkannte, daß Wilhelm es unbedingt versuchen wollte, besonders auf Anraten Hinzpeters, der Wilhelm erzählte, er würde sich damit populär machen und ein großer Mann werden usw. und da ein Graf Douglas (ein ganz törichter Mensch,) ein Herr von Berlepsch (den Fürst Bismarck infolgedessen sofort als Minister vorschlug) und der Maler A. von Heyden dasselbe taten, konzentrierte Fürst Bismarck, wie er sagte, seine Bemühungen darauf, den Schritt so harmlos ausfallen zu lassen, wie es ihm möglich war; er schrieb den Erlaß von neuem und bat, daß alles auf die Diplomatie Bezügliche aus dem in Aussicht genommenen internationalen Kongreß — oder der Konferenz — weggelassen werden solle. Soweit handelte Fürst Bismarck nach meiner Ansicht sehr klug und sehr loyal gegen Wilhelm; ich konnte ihm nur recht geben! Natürlich diskutierte er keine politischen Prinzipien; mit diesen hätte ich nicht übereinstimmen können, wie Du weißt. Aber ich bin sicher, daß der Rat, den er Wilhelm gegeben hat, in diesem Falle klug, verständig und praktisch war; es tut mir sehr leid, daß er nicht angenommen worden ist.

Ich fand den Fürsten Bismarck bemerkenswert kräftig und wohl aussehend; er neigte dazu, die Dinge sehr philosophisch aufzufassen. Er hat Wilhelm sehr gern, während er Fritz nie leiden konnte (das ist nur natürlich). Aber wahrscheinlich fühlt er sich dem großen Selbstvertrauen, der Naivität, mit der Wilhelm seinen Willen ausführt und Verantwortlichkeiten übernimmt, und auch den merkwürdigen Leuten gegenüber, die bei Wilhelm Zutritt und Gehör finden, sehr unbehaglich.

*

Louise von François an Conrad Ferdinand Meyer

Weißenfels 19./3. 90

Bismarck geht, und ich zweifle nicht, daß die vielen, welche so eifrig an ihm gezerrt und gezupft haben, sich bald genug unter seine Despotenfaust zurücksehnen werden. Die sind es aber wahrhaftig nicht, denen er weicht. Er giebt Raum einer der seinen gleichgearteten Natur, aber einer unerprobten, von zweifelhafter Konzentration der Kraft, in welcher kein staatlicher Regenerator und Erhalter es Bismarck auf gleiche Dauer jemals zuvorgetan hat. Goethes Wort: „Wer Großes wirken will, muß sich zu beschränken wissen", auf wen paßte es besser als auf diesen Mann und sein fast dreißigjähriges Glück?

*

Heinrich von Treitschke an Julius Hartmann

Berlin W 20./3. 90

Schrecklich, daß ich die düstere Erinnerung an Bismarcks Sturz mit hinwegnehmen muß aus dem Vaterlande. Der Schlag kam nicht unerwartet, es liegt eine tragische Notwendigkeit darin, aber wir sind noch alle wie betäubt davon.

*

Ferdinand Gregorovius an Hermann von Thile

München, 23. April 1890

Der Rücktritt Bismarcks mutet mich an, wie ein großes, tragisches Ereignis, nicht für Deutschland selbst, sondern für ihn. Ich sehe das Gras schon hoch in Halmen, welches über ihn, den Lebendigen wächst. Wie soll er da in diesem Krautgarten weiter leben, nachdem er 20 Jahre lang die Welt regiert hat! Nichts ist törichter als der Spruch: „Aller Anfang ist schwer" — nein, der Anfang ist leicht, aber das Ende ist schwer ....

*

Gustav Freytag an Albrecht von Stosch

Siebleben, 26. August 1890

Einen Tag war ich in Reinhardsbrunn, bat den Herzog, über den letzten Besuch bei Bismarck zu erzählen und referiere nach seinen Worten. Ursache des Konfliktes keine Einzelheit, sondern der Kampf um die Herrschaft. Als ich ungeladen nach Berlin kam, sagte der Kaiser sogleich: „Du kommst wegen Bismarck. Es ist mir ganz recht, gehe hin, versuche, was du vermagst, denn so wie es ist, kann es nicht bleiben". Darauf begann er die Klage: er (Bismarck) saß Monate in Varzin, ich schreibe und telegrafiere, er soll in der und der wichtigen Angelegenheit zu einer Besprechung herkommen, er kommt nicht, ja zuletzt antwortet er gar nicht — (?). Das muß anders werden. Also Herzog zu Bismarck. Dieser kommt ihm mit Umarmung entgegen und fängt laut an zu schluchzen. Der Herzog bietet seine Vermittlung an und referiert ihm die Klagen des Kaisers. Bismarck antwortet: „Unter seinem Großvater und auch Vater habe ich es ebenso gehalten; ich brauche in großen Fragen meine Zeit, um mit mir fertig zu werden und die Dinge vorzubereiten; dieses Zögern von vier, sechs Wochen hat der alte Kaiser immer respektiert". Herzog: „Aber dem jungen Herrn ist das doch nicht zuzumuten". Darauf Bismarck: „Ja, er selbst will alles leiten, es ist Zeit, daß ich gehe. Man intrigiert gegen mich". Und jetzt kam wie aus der Champagnerflasche die Geschichte mit Böttticher und dem Schwarzen Adlerorden, die er als die schmerzvollste persönliche Kränkung empfand, so daß der Herzog ganz erstaunt war und sagte: „Um so eine Nichtigkeit, wie eine Ordensverleihung können Durchlaucht Schmerz empfinden? Dergleichen ist gar nichts, wo es sich um so Ernstes handelt", und er sprach, wie er berichtete, mit viel gesunder Unbefangenheit über diese Begebung. Aber das wollte nicht helfen, Bismarck fuhr fort, über die Beleidigung zu klagen und sagte wieder weich: „Ich muß gehn, ich kann nicht bleiben". Es war also vergebens.

*

Heinrich von Treitschke an Lotte Hegewisch

Berlin W 7./9. 90

Bismarcks Schicksal erschüttert mich in der Seele. Seit Themistokles hat die Welt keinen solchen Undank gesehen.

*

Paul Heyse an einen Freund

München, 26. Juni 1892

... Du lasest
Wohl von den festlich bunten Zügen auch:
Studenten, Künstlern, schlichten Handwerksleuten,

Die mit Musik und Fackeln Nacht für Nacht
Vorüberwallten, manch treuherzgen Spruch
Hinsendend zur Altane, wo der Gast
An seiner Gattin Seite lauschend saß,
Bis er dann plötzlich die gewaltgen Glieder
Erhob und aufrecht, mit entblößtem Haupt,
Die Menge streifend mit dem Löwenblick,
In stockender Rede sonder Prunk und Pomp,
Doch sein Gepräg auf jedem Wort, dem Volk
Darbrachte seine Seele, dankbewegt,
Indeß der Fackelschein die bleiche Stirn
Umspielte, wie das elfenbeinerne Haupt
Des Zeus, das von ambrosischen Locken freilich
Umwallt war, während unser Donnerer
Nur mit dem Schütteln seiner buschigen Brauen
Heut noch erschüttern könnte den Olymp.

Dann, als verstummt die laute Festlichkeit
Und in des Hausherrn reichgeschmückte Werkstatt
Der Ehrenmüde sich zurückgeflüchtet,
Ruht er behaglich noch ein Stündlein aus,
Hausväterlich den Wolkensammler spielend,
Um ihn ein Kreis Vertrauterer. Und lieblich
Wars anzuschaun, wie er so ritterlich
Zu schönen Fraun sich neigte. Dennoch stets
Umwittert ihn ein seltsam fremder Hauch.
So menschlich sich uns gab der Übermensch,
Bedacht, es allen wohl zu machen, heimlich
Blieb eine Spannung in uns rege, wie
Genüber einem Gast aus anderer Welt.
Ich selbst, sonst ohne Menschenfurcht, gewohnt,
Vor irdischer Größe nicht den Blick zu senken,
Vor diesem Hohen wandelte mich doch
Ein Schauer andachtsvoller Ehrfurcht an.

Dies Antlitz, sagt ich mir, das hier dich grüßt

In Fleisch und Blut, — wenn lange schon der Odem,
Der es beseelt, ins All zurückgeschwebt,
Der letzte Blitz aus diesem Herrscherauge
Versprüht ist und der Mund, auf dessen Wort
Der Erdkreis lauschte, stumm für ewig ward,
Dann, wie das Sphinxhaupt, das im Wüstenbrand
Noch unverschüttet auf zur Sonne ragt,
Ob auch jahrtausendalter Flugsand rings
Emporgeweht ist, wird dies Heldenhaupt
In mächtgem Umriß noch die Blicke bannen,
Die Stirn, die weltenweite Pläne barg,
Von der Geschichte Nebelglanz umhaucht.
So vor dem schicksalsvollen Manne klopfte
Das Herz mir in der Brust, und nur beklommen
Von meinen Lippen löste sich das Wort.

*

Theodor Fontane an August von Heyden

Berlin, 5. August 1893
Potsdamer Straße 134 c

Du fragst wegen Bismarck. Meine Damen, die mir die Zeitung vorlesen, müssen schlecht aufgepaßt haben. Ich weiß nichts von einer Rede in Hannover. Aber sie wird gewesen sein wie die andern. Das ewige sich auf den Waisenknaben und Biedermeier hin Ausspielen ist gräßlich, und man muß sich immer wieder all das Riesengroße zurückrufen, was er genialisch zusammengemogelt hat, um durch diese von den krassesten Widersprüchen getragenen Mogeleien nicht abgestoßen zu werden. Er ist die denkbar interessanteste Figur. Ich kenne keine interessantere; aber dieser beständige Hang, die Menschen zu betrügen, dies vollendete Schlaubergertum ist mir eigentlich widerwärtig, und wenn ich mich aufrichten, erheben will, so muß ich doch auf andere Helden blicken. Dem Zweckdienlichen alles unterordnen, ist überhaupt ein furchtbarer Standpunkt, und bei ihm ist nun alles noch mit so viel Persönlichem und geradezu Häßlichem untermischt, mit Beifallsbedürftigkeit, unbedingtem Glauben an das Recht jeder Laune, jedes Einfalls und kolossaler Happigkeit. Seine aus jedem Satz sprechende Genialität entzückt mich immer wieder, schmeißt immer wieder meine Bedenken über den Haufen; aber bei ruhigem Blute sind die Bedenken doch auch immer wieder da. Nirgends ist ihm ganz zu trauen. Andererseits (Kritik ist billig) trifft er in dieser seiner Kritik meistens den Nagel auf den Kopf und hat sicherlich darin recht, daß wir an unseren Zuständen laborieren, und daß ein tiefes Mißtrauen durch das Land schleicht. Noch richtiger wäre wohl der etwas mildere Ausspruch, „daß wir kein rechtes Vertrauen zu uns hegen".

*

Heinrich Fülscher an seinen Vater

Wandsbeck, den 24. Oktober 1897

Zunächst als ich gegen halb drei in Friedrichsruh eintraf, saß ich noch eine Zeit lang mit am Frühstückstisch, mit ihm, dem Ehepaar Rantzau, der Gräfin Eickstedt und der Frau von ?... kowski. Die letztgenannten beiden Damen sind sehr häufig in Friedrichsruh zu Besuch; beides riesig nette Damen, und samt der Gräfin Rantzau von ausgesuchter Liebenswürdigkeit gegen mich. Der Fürst ließ zunächst (die Frühstückzeit war ja längst vorüber) Stummschen Wein, Maximiner Grünhäuser, kommen, dann wurden die Unterschriften vollzogen, und er meinte, in Schoenau brauche er auch wohl nur zu unterschreiben. Ich sagte: „Nein, Durchlaucht, ich muß noch ein langes Attest darunter setzen; unter anderem muß ich bescheinigen, daß Ew. Durchlaucht sich bei gesunder Vernunft befunden haben". Große Heiterkeit der Damen und des Grafen Rantzau! „Ja, ja", meinte der Fürst,

„wollen Sie das denn so leichtsinnig bescheinigen? Wenn man das durchgemacht hat, was ich durchgemacht habe, so ist es ein Wunder, wenn man dabei nicht verrückt geworden ist.“

Dann wurde weiter geplaudert; der Fürst meinte: „Es ist mir geradezu unverständlich, daß der Fürst Hohenlohe noch immer Kanzler bleibt; ob er das nun aus Freundschaft (Verwandtschaft) tut, oder weil die Hohenlohes zu den Hohenzollern gehören, oder aus pekuniären Gründen? Er hat doch zu leben“. Graf Rantzau meinte: „Wer weiß, Papa, vielleicht mag er es ganz gern“, worauf der Fürst entgegnete: „Na, dann ist er . . .“ und brauchte einen hier nicht wieder zu gebenden Ausdruck. „Aber Papachen“ sagte Rantzau „er ist doch ein Deutscher Fersicht!“ „Ja, damit kann man ja schließlich auch auf mich exemplificieren; ich bin ja auch einer; habe mich allerdings lange genug dagegen gewehrt.“ So wurde noch allerlei gesprochen; dann ließ er anspannen; er zog erst ein gefüttertes Lederwams über, darüber einen großen Pelz; auf dem Kopf eine Jagdmütze; mir pumpte Graf Rantzau zu meinem Sommerüberzieher seinen Hawelock und wir stiegen in einen kleinen leichten Wagen, ungefähr wie eine Berliner Droschke I. Güte; ich saß an seiner rechten Seite. Als das Parktor geöffnet wurde, standen vor demselben eine riesige Menge Leute, bei dem herrlichen Wetter besonders viele. „Ach“, sagte der Fürst, „diese vielen Menschen immer; ich mag gar nicht mehr aus dem Tore herausfahren!“ Einige Hurrahs, und bald waren wir allein im herrlichen grünen Wald; bald ließ er halten, der Kutscher brachte ihm eine Pfeife mit geflochtenem Kopf und etwas Feuerschwamm; ich zündete eine Zigarre an, und weiter gings durch den Wald nach Schoenau. Der Fürst unterhielt sich ununterbrochen mit mir, machte mich auf schöne Bäume aufmerksam, freute sich über kleine Kinder, denen wir begegneten, machte mich besonders auf ein kleines Butt von ca. 3 Jahren aufmerksam, die mit einem kleinen Wägelchen wie ein Bild von Oscar Pletsch dastand, und meinte: „Sehen Sie mal, wie niedlich".

*

Detlev, Freiherr von Liliencron
an Richard Dehmel

Alt-Rahlstedt bei Hamburg, den 1. Juni 1902

Lieber Richard. Es war ein so lieber, stiller, schöner, vernünftiger Sommertag neulich bei Euch. Vielen Dank für Montaigne. Ein vornehmer Kerl, der mir schon gefällt. Da ich aber in der Vorrede las, daß er ein Liebling Moltkes (des schlausten Erzphilisters, der je gelebt hat) — gewesen ist, so bin ich stutzig geworden. Aber ich kann noch nicht urteilen, weil ich bisher nur ein paar Seiten von ihm gelesen habe. Übrigens welcher weltenweite Unterschied zwischen Moltke und — Bismarck. Ja, Bismarck ist mein Kerl.

Dein alter treuer Detlev

*

Quellen

Anhang zu den Gedanken und Erinnerungen von Otto Fürst von Bismarck. Stuttgart und Berlin 1901.

Paul de Lagarde. Erinnerungen aus seinem Leben. Zusammengestellt von Anna de Lagarde. Göttingen 1894.

Karl Friedrich Nowak, Das Dritte Deutsche Kaiserreich. I. Berlin 1929.

Sechs Jahre Chef der Reichskanzlei unter dem Fürsten Bismarck. Erinnerungen von Christoph von Tiedemann. 2. Aufl. Leipzig 1910.

Bismarck in Geschichte, Karikatur und Anekdote. Von Dr. Paul Liman. 5. Aufl. Stuttgart 1915.

Heinrich von Treitschkes Briefe. Herausgegeben von Max Cornicelius. 3 Bde. Leipzig 1912/20.

Bismarcks Briefwechsel mit Kleist-Retzow. Herausgegeben von Herman von Petersdorff. Stuttgart und Berlin, o. J.

Briefe von Otto Gildemeister. Herausgegeben von Lissy Susemihl-Gildemeister. Leipzig 1922.

Gustav Freytag und Heinrich von Treitschke im Briefwechsel. Leipzig 1900.

Gustav Freytag an Salomon Hirzel und die Seinen mit einer Einleitung von Alfred Dove. Als Handschrift für Freunde gedruckt.

Gustav Freytag und Herzog Ernst von Coburg im Briefwechsel 1853 bis 1893. Herausgegeben von Eduard Tempeltey. Leipzig 1904.

Gustav Freytags Briefe an Albrecht von Stosch. Heraus-

gegeben und erläutert von Hans F. Helmolt. Stuttgart und Berlin 1913.
Bismarck-Portefeuille. Herausgegeben von Heinrich von Poschinger. 5 Bde. Stuttgart und Leipzig 1898/1900.
Alfred Dove, Ausgewählte Briefe. Herausgegeben und eingeleitet von Oswald Dammann. München 1925.
Briefe von Ferdinand Gregorovius an den Staatssekretär Hermann von Thile. Herausgegeben von Herman von Petersdorff. Berlin 1894.
Theodor Fontanes Briefe an seine Familie. 2 Bde. Berlin 1905.
Briefe Theodor Fontanes. Zweite Sammlung. Herausgeber: Otto Pniower und Paul Schlenther. 2 Bde. 2. Aufl. Berlin 1910.
Petersburger Briefe von Kurd von Schlözer 1857—1862. Herausgegeben von Leopold von Schlözer. Stuttgart und Berlin 1921.
Kurd von Schlözer, Letzte Römische Briefe 1882—1894. Herausgegeben von Leopold von Schlözer. Stuttgart, Berlin und Leipzig 1924.
Briefe der Kaiserin Friedrich. Herausgegeben von Sir Frederick Ponsonby. Eingeleitet von Wilhelm II. 12.—15. Tausend. Berlin 1929.
Max Duncker, Politischer Briefwechsel aus seinem Nachlaß. Herausgegeben von Johannes Schultze. Stuttgart und Berlin 1923.
Neue Gedichte und Jugendlieder von Paul Heyse. Berlin 1897.
Bismarck. Süddeutsche Monatshefte, Dezember 1921.
Friedrich Nietzsches Briefe an Mutter und Schwester. Herausgegeben von Elisabeth Förster-Nietzsche. Leipzig o. J.
Louise von François und Conrad Ferdinand Meyer. Ein Briefwechsel. Herausgegeben von Anton Bettelheim. Berlin 1905.

Fürst und Fürstin Bismarck. Erinnerungen aus den Jahren 1846 bis 1872 von Robert von Keudell. 3. Aufl. Berlin und Stuttgart 1902.

Detlev von Liliencron, Briefe in neuer Auswahl. Herausgegeben und eingeleitet von Heinrich Spiero. Stuttgart, Berlin und Leipzig 1927.

Erläuterndes Verzeichnis der wichtigsten Namen

Bismarck, Otto von (1815—1898), 1832/35 Student in Göttingen und Berlin, 1836 Referendar, 1847 Mitglied des Vereinigten Landtags, 1849 der Zweiten Kammer, 1850 des Erfurter Volkshauses, 1851 Gesandter am Bundestag in Frankfurt a. M., 1859 in St. Petersburg, 1862 in Paris, September 1862 Ministerpräsident, 1865 Graf, 1867 Bundeskanzler, 1871 Reichskanzler und Fürst, 1890 verabschiedet.

Bucher, Lothar (1817—1892), Schriftsteller und Beamter, 1848 als Radikaler verurteilt und ausgewandert, seit 1864 Vortragender Rat im Auswärtigen Amt und Spezialreferent bei Bismarck, Sozialdemokrat.

Dove, Alfred (1844—1916), Geschichtsschreiber, Redakteur in München, Professor in Breslau, Bonn, Freiburg.

Duncker, Max (1811—1886), Geschichtsschreiber und Politiker, Mitglied der Frankfurter Nationalversammlung (Erbkaiserpartei), Professor in Halle, dann bis 1875 Vortragender Rat beim Kronprinzen Friedrich Wilhelm, zuletzt Generaldirektor der Staatsarchive.

Ernst II., Herzog von Sachsen-Coburg-Gotha (1818—1893), Herzog seit 1844.

Eulenburg, Philipp, Graf, später Fürst zu (1847—1921), preuß. Diplomat, Gesandter in Oldenburg, Stuttgart, München, deutscher Botschafter in Wien.

Fontane, Theodor (1819—1898), Schriftsteller.

François, Louise von (1817—1893), Schriftstellerin.

Freytag, Gustav (1816—1895), Schriftsteller und Politiker, zeitweise nationalliberales Reichstagsmitglied, Coburgischer Wirkl. Geheimer Rat.

Friedrich, Victoria, Kaiserin und Königin, geb. Princess Royal von Großbritannien (1840—1901).

Fülscher, Heinrich (1858—1904), Rechtsanwalt in Wandsbeck, Rechtsberater Bismarcks.

Gerlach, Leopold von (1790—1861), Offizier, Generaladjutant Friedrich Wilhelms IV., konservativ-romantischer Politiker.

Gerlach, Ludwig von (1795—1877), Richter, zuletzt Präsident des Appellationsgerichtes Magdeburg, und hochkonservatives Mitglied des Reichstages und des Landtags, zuletzt Hospitant des Zentrums, Bruder von Leopold G.

Gildemeister, Otto (1823—1902), Staatsmann und Schriftsteller, Übersetzer Byrons und Ariosts, Senator und später Regierender Bürgermeister von Bremen, Bevollmächtigter zum Bundesrat.

Gortschakoff, Alexander Michailowitsch, Fürst (1798—1883), russ. Staatsmann, Gesandter beim Bundestag, 1856 Außenminister, seit 1866 zugleich Reichskanzler.

Gregorovius, Ferdinand (1821—1891), Geschichtsschreiber, Verfasser der Geschichte der Stadt Rom und der Stadt Athen im Mittelalter.

Hartmann, Julius (1836—1916), württembergischer Geschichtsschreiber, Oberstudienrat in Stuttgart.

Hartmann, Julius von (1817—1878), General der Kavallerie, Führer 1866 und 1870/71, bes. bei Gravelotte hervorragend tätig.

Heyden, August von (1827—1897), Maler, vordem Bergmann, sozialpolitischer Vertrauensmann Kaiser Wilhelms II.

Heyse, Paul (1830—1914), Schriftsteller.

Hirzel, Heinrich (1836—1894), Verlagsbuchhändler, Inhaber des Hauses S. Hirzel in Leipzig, das u. a. Poschingers „Preußen im Bundestag" (hier gemeint) verlegte.

Ihering, Rudolf von (1818—1892), Rechtsforscher, Professor in Wien, dann Göttingen, Verfasser des „Kampfs ums Recht".

Kalnoky, Gustav, Graf von (1832—1898), österr. Staatsmann, Gesandter in Kopenhagen und St. Petersburg, 1881 bis 1895 Außenminister.

Keudell, Robert von (1824—1903), Staatsmann, 1864 Vortragender Rat im Auswärtigen Amt, 1872 deutscher Gesandter in Konstantinopel, 1873 bis 1887 Botschafter beim Quirinal in Rom.

Kleist-Retzow, Hans von (1814—1892), Staatsmann, Jugendfreund Bismarcks, 1851 bis 1858 Oberpräsident der Rheinprovinz, Führer der Konservativen im Reichstage und Herrenhause.

Lagarde, Paul de (1827—1891), Gelehrter und politischer Schriftsteller, seit 1869 Professor in Göttingen, Verfasser der „Deutschen Schriften".

Liliencron, Detlev, Freiherr von (1844—1901), Schriftsteller.

Lindau, Rudolf (1829—1910), Diplomat und Schriftsteller, Vortragender Rat und Pressechef im Auswärtigen Amt, 1892 bis 1898 Vertreter des Reichs bei der Schuldenverwaltung in Konstantinopel.

Ludwig II., König von Bayern (1845—1886), König seit 1864.

Manteuffel, Edwin, Freiherr von (1809—1885), Offizier, 1857 Chef des Militärkabinetts, Armeeführer 1870/71, 1879 Statthalter von Elsaß-Lothringen, Generalfeldmarschall.

Manteuffel, Otto von (1805—1882) preuß. Staatsmann, 1848 Minister des Innern, 1850 bis 1858 Ministerpräsident, Bruder von Edwin M.

Meyer, Conrad Ferdinand (1825—1898), Schweizer Schriftsteller.

Motley, John Lothrop (1814—1877), nordamerikanischer Geschichtsschreiber und Diplomat, Studiengenosse Bismarcks in Göttingen und Berlin, später Gesandter in Wien und London.

Moüy, Charles, Graf von (1834—1923), französ. Diplomat und Schriftsteller, Legationssekretär in Konstantinopel, 1878 Schriftführer auf dem Berliner Kongreß, dann Gesandter in Athen und Rom.

Nietzsche, Friedrich (1844—1900), Philosoph.

Nokk, Wilhelm (1832—1903), badischer Staatsmann, seit 1881 Justiz- und Unterrichtsminister, 1893—1901 auch Ministerpräsident, Schwager Treitschkes.

Rantzau, Kuno, Graf von (1843—1917), preuß. Diplomat,

Gesandter in München und im Haag, Gatte von Bismarcks Tochter Marie.

Rößler, Konstantin (1820—1896), politischer Schriftsteller, zuerst Professor in Jena, 1879—1892 Direktor des Literarischen Büros (Pressechef) im preuß. Ministerium des Innern.

Roggenbach, Franz, Freiherr von (1825—1907), badischer Staatsmann, 1861—1865 Außenminister.

Sammer, Karl (1819—1882), Politiker, bis 1852 Rechtsanwalt und Professor in Kiel, dann im Coburg-Gothaischen Ministerium, Sachwalter des Augustenburgischen Hauses.

Schleinitz, Alexander, Graf von (1807—1885), preuß. Staatsmann, 1858—1861 Minister des Auswärtigen, dann bis 1885 des Königl. Hauses.

Schlözer, Kurd von (1822—1894), Diplomat und Geschichtsschreiber, 1857 preuß. Legationssekretär in St. Petersburg, später deutscher Geschäftsträger in Mexiko, 1871 Gesandter in Washington, 1882—1892 beim Vatikan in Rom.

Simson, Eduard von (1810—1899), Richter und Staatsmann, Präsident der Frankfurter Nationalversammlung (Erbkaiserpartei), des Erfurter Volkshauses, des Abgeordnetenhauses, 1870 des ersten Reichstags, 1879 des Reichsgerichts.

Stosch, Albrecht von (1818—1886), Offizier und Staatsmann, General und Admiral, 1870/71 Generalintendant des Preuß. Heeres, 1872—1883 Chef der Admiralität.

Stockmar, Ernst, Freiherr von (1823—1886), preuß. Kammerherr, 1857—1864 Privatsekretär des Kronprinzenpaares.

Stolberg, Anton, Graf zu (1785—1854), Staatsmann, 1833 Oberpräsident der Rheinprovinz, dann von Sachsen, 1851—1854 Minister des Königl. Hauses, konservativ-christlicher Führer.

Thile, Hermann von (1812—1889), Staatsmann, Gesandter in Athen und Rom, dann Unterstaatssekretär und bis 1872 Staatssekretär im Auswärtigen Amt.

Tiedemann, Christoph von (1836—1907), Beamter, zuerst Rechtsanwalt, 1876 Chef der Reichskanzlei, 1881—1899 Regierungspräsident in Bromberg.

Treitschke, Heinrich von (1834—1896), Geschichtsschreiber und Politiker, Professor in Freiburg, Kiel, Heidelberg, seit 1874 in Berlin, Mitglied des Reichstags, Herausgeber der „Preußischen Jahrbücher".

Ulbach, Louis, französischer Schriftsteller.

Usedom, Carl, Graf von (1805—1884), preuß. Staatsmann, 1845—1854 Gesandter beim Vatikan in Rom, 1859 beim Bundestag in Frankfurt, 1863 beim Quirinal in Rom, 1872—1879 Generaldirektor der Königl. Museen.

Versmann, Johannes (1820—1899), Staatsmann, Senator, später präsidierender Bürgermeister von Hamburg, Bevollmächtigter zum Bundesrat.

Victoria, Deutsche Kaiserin, s. Friedrich, Kaiserin und Königin.

Victoria, Königin von Großbritannien und Irland (1819 bis 1901), Königin seit 1837, vermählt mit dem Prinzen Albert von Sachsen-Coburg, Mutter der Kaiserin Friedrich.

Werther, Karl, Freiherr von (1809—1894), Diplomat, 1854 preuß. Gesandter in St. Petersburg. 1859 in Wien, 1869—1870 Botschafter in Paris, 1874—1877 in Konstantinopel.

Werthern, Georg, Freiherr von (1816—1895), Diplomat, preuß. Legationssekretär in St. Petersburg, 1859 Gesandter in Athen, dann in Konstantinopel, Lissabon, Madrid, 1867—1888 in München.

Wilhelm I., Deutscher Kaiser, König von Preußen (1797 —1888), 1858 Regent, 1861 König, 1871 Kaiser.

Windthorst, Ludwig (1812—1891), hannöverscher Staatsmann, 1851/53 und 1862/65 Justizminister, dann Führer des Zentrums im Reichstag und preuß. Abgeordnetenhaus.

Wolkenstein-Trostburg, Anton, Graf von (1832–1913), österr. Diplomat, Botschafter in Berlin und St. Petersburg.

Nachwort

Der hugenottische Märker Theodor Fontane, der preußische Dichter des Zeitalters, nennt den Mann, der diesem Zeitalter den Namen gab, noch dann, wenn er sich innerlich widerstrebend mit ihm auseinandersetzt: die „denkbar interessanteste Figur". Will man den Eindruck, den Otto von Bismarck schon zu der Zeit, als er den schlichten Adelsnamen führte, und erst recht, nachdem er Lenker der deutschen und der europäischen Geschicke, Kanzler und Fürst geworden war, auf nahe und ferne Umwelt machte, mit einem kühlen Wort bezeichnen, so trifft der Fontanische Satz für jede Äußerung und jeden Hörer und Empfänger solcher Äußerung zu. Zugleich aber erscheint dies sowohl auszeichnende wie — Fontanisch gesprochen — distanzierende Wort bei weitem zu arm. Denn diese Persönlichkeit in ihrer Entfaltung vom „tollen" und einsamen Landjunker zum Beherrscher des höfischen und diplomatischen Parketts, zum meisterlichen Spieler auf dem Schachbrett der großen Politik, zum besessenen Werber um seinen königlichen Herrn, um Bundesgenossen, um einstige Feinde, endlich um die Seele seines Volkes, sie ist doch viel mehr als nur interessant. Sie zieht jeden, der sich ihr naht oder den sie an sich heranzwingt, in ihren Bann, nötigt zu innerer Auseinandersetzung und läßt nicht wieder los. Bismarck gibt den ihm auf seinem steilen Lebenswege Begegnenden ein Rätsel um das andere auf, und selbst der scheinbar Vertraute besitzt ihn niemals ganz und erlebt, je nachdem, Enttäuschung oder neue Beglückung. Aus skeptischen Betrachtern werden Bewunderer, aus widerwilligen Untergebenen rückhaltlose Mitarbeiter und Anhänger, und die Tragödie des Sturzes weckt in empfänglichen Seelen das Gefühl, titanisches Geschick miterlebt zu haben.

Auf schmalem Raume wurde hier versucht, darzustellen, wie sich Werk und Wesen Ottos von Bismarck im Briefe von Zeitgenossen widerspiegelt. Sofort wird der jugendliche Politiker die Hoffnung viel älterer, längst in sich abgeschlossener Standesgenossen, auch solcher, die sich dann auf der Höhe seines Weges verständnislos von ihm abwenden. Seine, amtlichem Herkommen und bürokratischem Lebensstil abgewandte, Art erregt den begabtesten unter den jüngeren Mitarbeitern zum Schäumen ins Gebiß, bis auch er den Genius walten fühlt und sich ihm in freier männlicher Zueignung zum Helfer am Werke verbindet. Die enttäuschten nationalen Politiker eines anderen Lagers fürchten die Machtübernahme des ihnen in falschen Farben Schillernden; erst sein deutsches Werk, wie es schicksalsvolle Jahre enthüllen und wachsen lassen, bezwingt auch sie. Jugendfreunde aus unbesorgter Studienzeit erkennen in dem weit über sie Emporgestiegenen die währenden Züge einer einzigen Natur, die sich in Leidenschaft und Innenstreit höchsten Zielen nicht minder kampfvoll zuarbeitet, wie einst dem, was Jugend will und ersehnt. Mitarbeiter im mühsamen Geschäft des ministeriellen Alltags stehen in letzter Ergriffenheit vor dem herrschenden Kanzler, der den Tod des sein Landleben teilenden Hundes nicht verwindet und über eigene Schuld, vermeintliche, nicht hinwegkommt. Der Rat im Auswärtigen Amte zeichnet den geliebten Chef aus täglichem Umgang mit dem Griffel des Schriftstellers — der einfache Soldat, dem der Einiger des Reichs im Felde in der Generalsuniform begegnet, umreißt in ehrfürchtigem Aufblick das Antlitz, das eine Glücksstunde ihm entschleiert, nicht minder scharf. Denn auch ihm wird dieser Bismarck zur „interessantesten", mehr, zur schicksalschaffenden Gestalt, wie sie dem hansischen Senator, dem Geschichtsschreiber Roms, dem

Künder der deutschen Geschicke des Jahrhunderts schließlich zur Figur wird, die Zeit und Zeitalter, Preußen und Deutschland symbolisch vertritt. Und jene Tragik des Scheidens unter dem Drohen einer dunklen Zukunft wird auch den Gegnern bewußt, denen der Greis, der von seinem Werke gehen soll, in den Stunden der Entscheidung noch einmal gegenübertritt.

Zeitgenossen auf allen Stufen des deutschen Lebens, Zeitgenossen auch britischer, französischer, amerikanischer Geburt sprechen im vertrauten Schriftwechsel über den neuen Former des deutschen Lebens. Einmal auch hallt von ferne die Stimme des deutschen Denkers hinein, der neben ihm sein Zeitalter am stärksten und mit der nachhaltigsten Wirkung vertritt; und einmal richtet sich an Bismarck der Anruf eines prophetischen Gegners, der über die Reichsgründung hinweg fernere Ziele für Deutschland zu erkennen meint. Wie richtunggebende Wegweiser stehen zwischen den Briefen und Aufzeichnungen der anderen die Kundgebungen des Königs und Kaisers, der sich Bismarck, nicht ohne Widerstreben, in der Stunde der Verzagtheit und politischer Gefahr für die Monarchie verband und mit dem der Minister, Bundeskanzler, Reichskanzler dann in Jahren heroischer Kämpfe zu einer weltgeschichtlichen Einheit von Herrscher und Staatsmann so zusammenwuchs, wie es der Grabstein auf dem Hügel des Sachsenwaldes bezeugt. Auch diese Kundgebungen sind nur zum Teil öffentliche Aussprachen, wir hören König Wilhelm auch so sprechen, wie er zu dem Schöpfer seiner neuen, dem Befestiger seiner alten Krone redete, wenn der Brief nicht für die Öffentlichkeit bestimmt war.

Als Bismarcks eigene Briefe zum erstenmal, noch bei seinen Lebzeiten, hervortraten, herrschte weithin Überraschung; sein bisdann nur im Wogenprall staatlicher Kämpfe halb sichtbar gewordenes Bild gewann nun neue Züge, und vollends die Veröffentlichungen seit seinem Tode offenbarten eine Wesensart, die in Lebensstil und Ausdruck von Kampf und Geschick ihren unvergeßlichen Rang behielte, wenn der Schreiber dieser Briefe nicht der Gründer des Reiches geworden wäre. Von dieser nicht etwa zwiespältigen, sondern in ihrer Fülle vielfältigen Äußerung einer großgeschnittenen Natur strahlen auch die Briefe der Zeitgenossen über und an ihn mehr als nur etwas zurück. Das Geheimnis des Genius, eines Genius noch dazu, der bis ins Alter von heißer Leidenschaft bedient wurde, äußert sich, in der Anziehung und Abstoßung, die er unwillentlich übte, in der Bezwingung Großer und Kleiner, auch hier. Als den Verabschiedeten der baltische Jugendfreund in Friedrichsruh besucht, mahnt der gleichaltrige Philosoph den Zürnenden zur Harmonie. „Warum soll ich harmonisch sein?" lautet die Antwort. Auch hiervon reden diese Blätter. Aber sie zeigen auch den Bismarck der letzten Ruhe, dem der spät überwundene Preußendichter den Nachruf schrieb:

Nicht in Dom oder Fürstengruft,
Er ruh in Gottes freier Luft
Draußen auf Berg und Halde,
Noch besser: tief, tief im Walde;
Widukind lädt ihn zu sich ein:
„Ein Sachse war er, drum ist er mein,
Im Sachsenwald soll er begraben sein."

Der Leib zerfällt, der Stein zerfällt,
Aber der Sachsenwald, der hält;
Und kommen nach dreitausend Jahren
Fremde hier des Weges gefahren
Und sehen, geborgen vorm Licht der Sonnen,
Den Waldgrund in Efeu tief eingesponnen
Und staunen der Schönheit und jauchzen froh,
So gebietet einer: „Lärmt nicht so! —
Hier unten liegt Bismarck irgendwo".

*